探索语言的魅力

全语言教育视域下的幼儿园语言教育实践

白春芝 等 /著

北京师范大学出版社

图书在版编目(CIP)数据

探索语言的魅力:全语言教育视域下的幼儿园语言教育实践 / 白春芝等著. —北京: 北京师范大学出版社, 2025.4(2025.9 重印)
ISBN 978-7-303-30179-9

Ⅰ.G613.2

中国国家版本馆 CIP 数据核字第 2024X28W89 号

出版发行: 北京师范大学出版社 https://www.bnupg.com
北京市西城区新街口外大街 12-3 号
邮政编码:100088
印　　刷: 北京天泽润科贸有限公司
经　　销: 全国新华书店
开　　本: 787 mm×1092 mm　1/16
印　　张: 10.5
字　　数: 218 千字
版　　次: 2025 年 4 月第 1 版
印　　次: 2025 年 9 月第 2 次印刷
定　　价: 39.00 元

策划编辑: 王　超　　责任编辑: 孟　浩
美术编辑: 焦　丽　　装帧设计: 焦　丽
责任校对: 陈　荟　　责任印制: 赵　龙

前言

PREFACE

北京市海淀区美和园幼儿园(简称美和园幼儿园)始建于 2010 年 6 月，于 2010 年 12 月 1 日正式开园。自建园起，美和园幼儿园依据师资发展、家长需求，确定了具有语言教育特色的幼儿园课程发展之路。美和园幼儿园对语言教育进行了深刻诠释，即语言展示心灵，倾听促进理解，表达抒发情感，阅读启迪人生。经过多年持续深入的研究，美和园幼儿园形成了全语言教育理念指导下的全方位语言教育探索与实践。鲜明的语言教育特色伴随美和园幼儿园走过了北京市一级一类验收、北京市示范园验收、北京市办园质量督导评估，助推美和园幼儿园实现了跨越式发展。

美和园幼儿园全语言教育发展主要经历了六个阶段：奠基阶段——语言特色教育的定位与思考(2011 年)；起步阶段——早期阅读课题研究的开展(2012 年)；探索阶段——多种类语言教学活动的核心价值与教学方法的研究与实践(2014 年)；成型阶段——全语言教育观念的建构(2016 年)；攀登阶段——全语言教育课程的实践(2018 年)；固化阶段——全语言教育课程的成果积淀(2022 年)。

本书突出全语言教育视域下的幼儿园语言教育实践，对于全语言教育的理论与原则、内容、形式、过程等与当前的社会形势、幼儿园文化与特色建设、幼儿的兴趣与发展需要、教师的特长与成长诉求等方面进行全面思考与深度融合，从“全”字出发，发现与挖掘生活中隐含的真实的语言教育环境、鲜活的语言教育内容、多样的语言教育形式，将“语言教育生活化”与“生活教育语言化”两类途径有效整合，走出了“一日生活环节有效渗透语言教育”与“高质量的多种类型语言集体教学活动”的全语言教育课程建设的实践探索之路。本书重点展示美和园幼儿园开展的“高质量的多种类型语言集体教学活动”案例。

本书第一章“语言教育与幼儿发展”，由白春芝撰写；第二章“全语言教育理论解析”，由白春芝、王晓岚撰写；第三章“全语言教育视域下的幼儿园语言教育途径”，由白春芝、王晓岚撰写；第四章“多种类型的语言集体教学活动”，由王晓岚、齐春婷、韩伟巍撰写，案例提供者为王晓岚、刘韵楚、田艳、董丝爽、杲娜、韩旭、梁超、赵颖、谷馨、刘森、齐春婷、姜山、许颖、韩伟巍、孔靖雯、穆冬、汪绪娟、马鸣、刘皓月、郭燮莹、王麒；第五章“五大领域教育活动的语言培养”，由白春芝、王晓岚撰写，案例提供者为马鸣、熊秋爽、王晓岚；第六章“贯穿一日生活的语言活动”，由白春芝、王晓岚撰写，案例提供者为韩旭、汪绪娟、黄钰、许颖、王晓岚；第七章“具有意义的语言互动环境”，由白春芝撰写，案例提供者为韩伟巍、谷馨、韩旭；第八章“丰富多彩的语言特色活动”，由白春芝、王晓岚撰写，案例提供者为闫祎璐、刘皓月、韩伟巍。在此一并表示感谢！

全语言教育理念的实践不仅会影响学前教育者对于语言教育内容的思考，还会唤醒学前教育者对语言教育形式、语言教育环境、语言教育过程，乃至对语言教育评价的全面思考与探索。

我们希望以本书为基点，既能为语言教育特色的课程建设拓宽思路，又能带给广大幼儿教育同行些许的借鉴与思考。

编者

目录

CONTENTS

第一章 语言教育与幼儿发展

第一节 语言教育的含义

一、 语言教育的界定及现状

语言是人类重要的交际工具，也是人类认识世界和改造世界的媒介。没有语言也就没有人类社会的发展与进步。一般来说，语言采用一套利用共同处理规则来进行表达的沟通指令，以视觉、听觉或者触觉方式来传递。语言是在特定的环境中为了生活与交流的需要而产生的。特定的环境必然会在语言的发展与使用上彰显群体、社会与民族等的特定的烙印。随着社会、时代与技术的发展以及新的现象和新的事物出现，人类的语言因发展变得丰富多彩，也产生了不同意义和指令性的变化。这种变化让系统化的语言训练和语言教育与人类发展同步，也对语言的发展起到了重要的促进作用。因此，语言教育从理论上讲是指任何语言的教导行为与学习行为，其内容涵盖了文字形态、语音、语汇、语法、听解、会话、阅读与写作等。教育者借由对于语言本身的了解，利用各种词典、文法书、教科书学习语言，改善应对语言学习过程中遇到的困难与产生的错误的能力。推动语言教育的发展和研究，将会促进社会思想、经济与文化繁荣的大发展。①

语言教育是一项传承历史、立足当下、面向未来的事业，因此各国都提出了契合本国国情的语言教育政策。党和政府非常重视语言教育的法治建设进程，2000 年就专门制定并审议通过了《中华人民共和国国家通用语言文字法》，明确规定学校及其他教育机构以普通话和规范汉字为基本的教育教学用语用字。《中华人民共和国教育法》第十二条明确提出："国家通用语言文字为学校及其他教育机构的基本教育教学语言文字，学校及其他教育机构应当使用国家通用语言文字进行教育教学。"这从法律上保证了语言教育的规范和健康发展。

当代语言教育政策面临多重挑战：一要满足民族国家建设的需要；二要兼

---

① 参见叶蜚声、徐通锵：《语言学纲要》修订版，北京，北京大学出版社，2010。

顾社区的语言多元现实；三要让国民有愉悦的语言学习过程，使他们成为忠诚的和合格的公民；四要培养国民的全球竞争能力。[①] 语言教育应润物无声，在民族建设和国家建设中起着纽带作用，培养公民的语言意识形态，维护国家的语言秩序。

二、 幼儿期是语言教育的关键期

语言学习是一个整体的过程，开展幼儿园语言教育也要关注系统性与科学性的问题。幼儿期是人类语言发展的关键期，这已经被大量心理学研究和学前教育实践证明。幼儿各方面的语言能力都处于高速发展阶段，如果给予适宜的丰富引导和刺激以及科学的教育方法，一定可以取得长足的进步。错过这一阶段，或者给予不恰当的示范或引导，很可能会阻碍幼儿的语言发展，甚至让幼儿形成不良的语言交往习惯。借鉴朱海琳的《学前儿童语言教育》，狭义的学前儿童语言教育是以 3～6 岁儿童早期掌握母语的听说训练和教育为研究对象，并对 3～6 岁儿童加强口语听说训练。广义的学前儿童语言教育把 0～6 岁儿童的所有语言获得和学习现象、规律以及训练与教育作为研究对象，并对 0～6 岁儿童加强听说读写的训练。[②] 幼儿期的语言教育是生活的一部分，要回归幼儿的需要，与一日在园生活相适应，关注现实生活的情感体验、语言建构与运用、思维发展与提升、审美鉴赏与创造、文化传承与理解。

2001 年，教育部颁发的《幼儿园教育指导纲要(试行)》(简称《纲要》)对儿童在语言领域的发展提出了五项培养目标：①乐意与人交谈，讲话礼貌；②注意倾听对方讲话，能理解日常用语；③能清楚地说出自己想说的事；④喜欢听故事、看图书；⑤能听懂和会说普通话。《纲要》提出的学前阶段儿童语言教育的培养目标既是综合的，又是完整的；既指出语言教育的内容包括儿童语言的倾听、表演、阅读、前书写这四个方面的内容，又指出在培养的过程中不能忽视儿童的情感态度的参与、认知的获得和能力的运用。

2012 年，教育部发布的《3—6 岁儿童学习与发展指南》(简称《指南》)指出，语言是交流和思维的工具。幼儿期是语言发展，特别是口语发展的重要时期。幼儿语言的发展贯穿于各个领域，也对其他领域的学习与发展有着重要的影响。幼儿在运用语言交流的同时，也在发展着人际交往能力、理解他人和判断交往情境的能力、组织自己思想的能力。通过语言获取信息，幼儿的学习逐步超越个体的直接感知。《指南》更清晰地指明了幼儿语言学习与发展过程中应当具备

---

① 周明朗：《中国语言教育政策百年演变及思考》，载《语言战略研究》，2018(5)。

② 朱海琳：《学前儿童语言教育》，1～4 页，北京，科学出版社，2009。

的环境条件、学习途径与应用策略。

幼儿的语言是在交流和运用的过程中发展起来的。家长、幼儿园、社会应该为幼儿的语言学习与发展提供宽松、自由、快乐的语言交往环境，鼓励幼儿与同伴之间交流分享，支持幼儿开展多方交流，帮助幼儿获得语言锻炼的机会，让幼儿想说、敢说、喜欢说、会说。

语言的学习对幼儿的发展具有重要作用。幼儿园应当为幼儿的语言学习与发展提供全面的支持和帮助，应明确语言教育与游戏活动对幼儿语言学习与发展的价值和意义，应主动挖掘并创新语言教育与游戏活动的内容与指导方式，从而使学前阶段的语言教育能够规范、有序、有效，为培养幼儿的语言能力奠定坚实的基础。

幼儿园语言教育应以语言活动为手段，以一日生活为途径，激发幼儿倾听与表达、愿意讲话并清楚表达，使幼儿初步具有使用文明语言的习惯和阅读理解能力，使他们乐意运用语言进行交往、积累运用语言的经验开展交往、掌握初步的听说能力及交往的技能，进而促进他们思维、品德与认知能力的发展。可以说，幼儿园语言教育是让幼儿在获得生活经验的同时获得语言的感受、理解、表达、运用能力，让幼儿在获得语言发展的同时得到情感、认知、思维、个性等其他方面的共同发展。

第二节　语言教育与幼儿发展

幼儿园语言教育对幼儿的全面发展发挥着重要的引导、支持和帮助作用。幼儿园语言教育要根据幼儿的年龄特点来选择适宜的语言学习内容，多角度启发幼儿的思维，有意识地从语言发展的角度对幼儿进行培养与教育，不但能帮助幼儿打开认识世界的窗口、掌握探索世界的工具，还能促进幼儿获得终身发展的能力。

一、 语言教育与幼儿的认知和思维发展

参照蔡曙山的观点，认知从初级到高级一般可以分为五个层级：神经认知、心理认知、语言认知、思维认知和文化认知。前两个层次的认知是人和动物共有的，被称为“低阶认知”；后三个层级的认知是人类所特有的，被称为“高阶认知”。语言认知在这五个层级中具有特殊的地位和意义。一方面，语言认知是五个层级的中间环节，是低阶认知和高阶认知的联结点；另一方面，语言认知是高阶认知的基础。以语言认知为标准，我们可以区分低阶认知和高阶认知。

人类认知属于高阶认知，是以语言为基础、以思维和文化为特征的认知形式。语言认知是高阶认知的起点。这是因为人类的心智和认知发展是以语言为基础的。我们在日常活动与交流中，能感受到语言与思维、语言与智力、语言与同伴交往、语言与社会认知能力都存在紧密联系。现代经典的智力测验更是将衡量智力的重要标准定为测试儿童言语的表达能力、理解能力和运用能力。

迄今为止，众多智力测验中对言语能力的测量一直居于不可动摇的地位。这说明语言能力的发展水平是反映人的心智与认知发展水平的重要维度；语言能力的获得与应用也是幼儿认知发展的重要基础。抓住学前阶段这个语言习得的关键期，开展语言教育，能够有效促进幼儿的认知发展。

语言与思维有着密切的关系。幼儿的语言发展和思维发展是同步的，幼儿掌握语言的过程也就是思维发展的过程；同时，幼儿的思维发展又促进语言的构思能力、逻辑能力和表达能力的发展。可以说，在幼儿对世界的认知和幼儿的思维发展中，语言搭建了关联的桥梁。

教师带领幼儿观察周围世界、传授知识技能、解释行为规则的过程都伴随着语言的表达与对幼儿的认知与理解。同时，教师通过有意识地在认知方面和思维方面的引领，可以有效地促进幼儿的语言发展。此外，幼儿与同伴之间的语言交流与沟通也可以促使幼儿的认识过程发生质的变化。最后，幼儿与同伴共同开展的游戏也可以促进幼儿饶有兴趣的探究、充满趣味的审美和富有创意的创造，实现幼儿更高水平的认知发展。

当然，这要求幼儿园语言教育既要注重成人语言的规范，又要关注同伴语言的相互影响与作用。教师在与幼儿互动时应多用肯定性的语言给幼儿反馈，适当地用语言给幼儿鼓励和表扬，激发幼儿参与活动的兴趣，提高幼儿参与活动的积极性；教师要采用多种多样的形式组织活动，关注幼儿的认知与思维表现，有针对性地发展幼儿的观察力、记忆力和想象力。

二、 语言教育与幼儿的表达和交往能力发展

语言表达能力即掌握并熟练运用语言技巧进行自主表达的能力。随着科学技术的发展，人与人的交往越来越频繁，语言表达能力显得越来越重要。儿童心理学的研究成果证明，3～6 岁是人的一生中掌握语言较为迅速和关键的时期。在这个时期，如果科学地开展语言教育，幼儿的表达能力与社会交往能力会得到快速提升。一方面，伴随着发音器官的逐渐成熟，幼儿能先后发出单音、双音，逐渐会说简单句、复杂句。伴随着幼儿认知范围的扩大与词汇量的丰富，幼儿语言表达的流畅性、生动性与复杂性不断提升。另一方面，幼儿逐渐理解并掌握在不同语言情境下语言表达的规则与方法。这一切都表明幼儿的语言表

达能力在不断发展。

准确、规范、流畅的语言是幼儿学习的语言典范。幼儿的语言还没有定型，其发展存在词汇量不足、词义理解不正确、说话中出现语病甚至前言不搭后语等现象。幼儿主要通过模仿来丰富自己的词汇量，发展自己的语言。家长和教师是幼儿的模仿对象，所以家长和教师的语言表达水平在一定程度上影响着幼儿今后的语言发展水平。

《纲要》指出："鼓励幼儿大胆、清楚地表达自己的想法和感受，尝试说明、描述简单的事物或过程，发展语言表达能力和思维能力。"家长和教师要注意自己的语言，尽量使用规范的句子和句型，多与幼儿交谈，多与幼儿反复练习儿歌，给幼儿朗读优美的文学作品。同时，家长和教师要随时随地让幼儿学习和练习使用的语词，如指导幼儿认识教室里的各种东西，外出活动时教给幼儿所看见的各种物品或现象的正确命名，帮助幼儿逐步学会用规范的语句和较准确的词汇来表达自己的观察、思考与想象。可以说，成人的示范、鼓励与引导是幼儿语言表达能力发展的关键。

语言教育对幼儿的社会交往能力发展也有促进作用。由于真实的社会交往情境存在即时性、不定性、对象不一性等特点，因此不仅要培养幼儿语言模仿的能力，还要培养幼儿举一反三的能力，促使幼儿依照原有的语言范例，依据社会交往情境对象与个人的意愿与需求，适时更换表达的内容，产生新的表达想法，实现幼儿与同伴之间的理解与协作。在这个过程中，除了口语表达的能力有了进一步的发展，幼儿在不同的社会情境中顺利有效地与他人交往的能力也得到了发展。

幼儿依靠交流获得语言表达方法，语言表达方法的采用也促使了幼儿积极参与社会交往活动。一个会用清晰而得体的语言表达自己想法的幼儿，更容易化解与朋友的矛盾，当然也更容易得到其他幼儿的喜爱。语言发展比较好的幼儿往往比较善于通过协商、说服等方式与同伴交往。相反，一些语言发展不太好的幼儿在社会交往中可能会因不知如何发表自己的意见而退缩；也可能会通过不恰当的方式表达自己的情感和态度，试图强迫同伴接受自己的意见。这些语言发展不太好的幼儿往往比较难以得到同伴的接纳，不能很好地建立良好的人际关系。

可以说，幼儿的语言表达能力与幼儿的社会交往技能相伴相生、相互促进。语言能力是在运用的过程中发展起来的，是通过多方面的渗透和各领域的联系，在丰富多彩的活动中得到发展的。比如，在游戏活动中，幼儿的注意力和观察力会得到培养，他们会形成对交往的分析、比较和判断能力，实现和同伴之间的语言互动与理解，感受快乐，达到共同成长。

三、 语言教育与幼儿的个性和社会性发展

个性通常指个人具有的比较稳定的、有一定倾向性的心理特征的总和，包括气质、性格、动机、兴趣、意志、理想、信念等。这些心理特征调整幼儿的心理过程，也影响幼儿的外显行为和内隐行为。

语言的习得与运用能够帮助幼儿在游戏和交往中获得成功的满足感，也给幼儿的个性形成和发展带来积极的影响。通过接受语言教育，幼儿可能会更顺畅、更自信地与教师、同伴开展社会性的交往，观察周围他们对事物的态度与判断、行为方式，直接或间接学习他们为人处世的方式，获得有关礼貌、诚实、信任等的个体化经验，进一步形成具有个性特点的思维与行为。

幼儿的社会性发展是指在一定的条件下，幼儿逐渐独立地掌握社会规范，正确处理人际关系，妥善自治，从而客观地适应社会生活的心理与实践发展过程。幼儿的社会性发展具体表现在幼儿喜欢和同伴一起玩；游戏的关系由比较松散的撮合发展到比较协调的、有规则约束的结合，幼儿行为的社会化程度得到提高。影响幼儿社会性发展的因素有社会、环境与个体心理等方面。其中，幼儿的语言发展可以帮助他们逐步发展对外部世界、对他人和对自己的认识。这些认识的获得又反过来作用于幼儿，促使幼儿通过对语言和行为的调整和强化，从而使游戏和交往得以正常推进。

幼儿在没有学会语言表达之前，与成人之间的交往仅限于身体与其他外部姿势的模仿。幼儿语言的发展和思维的提升能促进幼儿行为的社会化。幼儿正是在交往和学习中实现个性发展，也使社会交往能力得到发展；同样，社会交往能力的发展让幼儿的语言能力得到了优化发展。这样幼儿在交往中发现事物间的联系，初步做出正确的判断和概括，实现认知能力、思维能力与语言表达能力的个性化发展。

通过接受语言教育，幼儿可以快速与精确地运用语言这一工具，逐步提高对外部世界的认识，提高对他人和对自己的认识，更加准确地表达自我，与他人进行交往，从而获得社会性发展。同时，社会交往经验的获得又会促进幼儿语言的发展。

四、 语言教育与幼儿的想象力和创造性思维发展

创造性思维是指根据一定的目的，运用已有信息，产生某种新颖、独特、有社会或个人价值的产品的过程。幼儿的创造性思维主要借助想象力来发展。幼儿是天然的创造者，对周围事物经常保持主动、积极的情绪，求知欲旺盛，

爱动脑筋思索，能发现新问题，提出新问题，初步获得新的判断、新的点子、新的方法。语言的发展对幼儿的创造性思维的发展起到了推动作用。因此，语言教育要注重对幼儿的创造性思维的培养。

在幼儿的思维模式处于形成和发展的阶段，教师要做幼儿语言发展的引导者，激发幼儿学习的积极性、创造性和想象力，让幼儿学得主动、活泼，使其创造性思维得到发展。教师还应通过各种途径和方法来加强幼儿的创造性思维训练，引导幼儿从单一思维向多向思维拓展，掌握全方位、多角度考虑问题的学习方法。此外，教师应给幼儿留下提问质疑的空间，注意鼓励幼儿大胆地用语言表达自己的想法，鼓励幼儿学会创造。

从儿童发展的角度来考虑语言教育时，教师要主动加强幼儿创造性思维的培养。这是因为传统的幼儿园教育对儿童创造性思维的培养重视不足。因此，教师需要有意营造出将集体教育活动与幼儿差异化的个性教育主动平衡协调的语言学习环境，需要考虑不同幼儿在语言教育方面存在的共同发展与个性发展问题，尤其要为在语言发展方面有特殊需要或有潜力的幼儿提供个性化的支持与帮助。

在幼儿的身心发展过程中，各项能力的发展是不平衡的，各阶段都有相应能力发展的关键期。所以，教师应抓住幼儿创造性思维发展的关键期，运用示范、引导、提问、表达等方式，对幼儿的创造性思维进行培养，进而促进幼儿的语言能力发展。

第二章 全语言教育理论解析

第一节 全语言教育的概念

20世纪70年代末80年代初，以心理语言学家古德曼为代表的一批学者受维果茨基理论的影响，将儿童语言教育置于社会文化环境中进行再思考，并且吸收了当代有关儿童语言发展的研究成果，开展了全语言教育改革运动。① 全语言教育改革运动从20世纪90年代开始，逐渐成为西方儿童语言教育界较为重要的一种理论思潮。那么，什么是全语言教育呢？按照古德曼给的定义，全语言教育是一种视儿童语言发展和语言学习为整体的思维方式的教育。全语言教育不是一种具体的教育教学方法，而是一种观念和一种教育哲学思想。

一、“全语言”概念的提出

“全语言”概念提出的目的在于改进语文教学。虽然全语言教育改革运动在北美可以被视为对字母拼读法教学的反思，但当“全语言”概念传入我国的语文教学时，其内涵及意义都有一定程度的改变。袁爱玲提出：“语言教育绝不仅是听、说、读、写能力的培养，而且对继承人类文化，弘扬民族精神，培养高尚情操，提高文化修养有着巨大的影响。教育工作者必须站在这样的高度去认识语言和语言教育的作用，去构建适应21世纪社会高要求的语言教育。”②

袁爱玲认为“全语言”要求的是幼儿语言能力的全面发展，阐释了全面发展幼儿语言能力的可行性与重要性，明确指出幼儿全语言教育是旨在全面开展幼儿听、说、读、写的母语能力和外语能力教育；突出口语教育的同时，全面奠定识字阅读教育、语文教育、文学教育、语言文化教育等的基础；提高幼儿的语言能力和对语言的兴趣，特别是对外语的兴趣；掌握初步的言语、文字、文章、文学和语言文化等感性知识，培养与语言相关的人文素质。

---

① 张虹：《幼儿全语言教育的理论与实践——第一届亚洲华文幼儿教育研讨会综述》，载《幼儿教育》，2004(5)。

② 袁爱玲：《面向21世纪构建幼儿园全语言教育》，载《教育导刊·幼儿教育版》，1999(1)。

祝士媛比较系统地介绍了全语言教育的学理基础，指出全语言教育来源于语言学、心理语言学、社会语言学、人类学、心理学及教育学等多学科理论的综合。[①] 例如，杜威“以儿童为中心”的儿童发展理论强调儿童的语言是在真实的使用情境中发展的，而不是在课堂上通过反复练习获得发展的。语言能力的培养主要依靠儿童主动获得的直接经验，而不是教科书或教师的教导。教师只是儿童语言学习的调节者、社会资源的提供者。又如，语言教育专家哈利德强调只有在有意义的情境中学习和使用语言，才能促进儿童的语言发展。因此，儿童学习语言是一个过程，儿童是在使用语言的社会情境中赋予语言意义的，儿童学习语言就是借助语言的学习。

二、“全语言”与语言教育的关系

在第一届亚洲华文教育研讨会上，全语言教育的提倡者对“全语言”的含义做了较全面的梳理，指出了其与语言教育密不可分的关系。比如，根据全语言教育的理念，开展幼儿园语言教育时应将语言视为一个整体的沟通系统，让幼儿通过亲身的经验来学习；语言学习应当以幼儿为中心，支持幼儿掌握语言学习的主动权。个体在学习语言时首先是认识完整的话语，然后才是认识整体中的部分以及部分与部分、部分与整体的关系。语言学习是一个从整体中区分部分的渐进过程，语言学习的重点是真实的言语及语言的意义，而不是语言本身。

此外，儿童语言教育的目标和内容应该是完整的；语言既是儿童学习的对象，也是儿童学习的工具；既要重视儿童的口语教育，也要把儿童的书面语启蒙教育列入儿童语言教育范畴；要尊重儿童对课程的参与权和选择权；要让儿童进行跨学科的语言学习。这些都与《纲要》和《指南》中的教育精神不谋而合，是幼儿园开展语言教育与语言课程建设的理论基础与方向指导。

全语言教育中的“全”强调在完全的语言和社会情境中，幼儿是作为一个完整个体去学习整体的语言的。“全语言”强调对语言本身、对幼儿和教师的尊重，即鼓励幼儿冒险、探索和发展，并依照个人目的用不同形式运用、发展语言；允许并鼓励教师与幼儿运用各种不同形式的口头语言或书面语言。这不是具体的教育方法，而是一种新的语言教育理念。全语言教育还主张开放式的教育过程，旨在改变传统的语言教学过程，将语言的学习转变为教师与幼儿合作学习、深度学习的过程。

---

① 祝士媛：《幼儿的全语言教育》，载《幼儿教育》，2004(3)。

第二节 全语言教育的内容与方法

一、 全语言教育的内容

全语言教育认为，语言既是用来沟通的，也是用来学习的。一方面，推动儿童学习语言的动力正是儿童沟通的需要；儿童的语言会因为沟通需要的增加而快速发展，他们在通过语言学习事物的同时学习了语言本身以及有关语言的知识。另一方面，语言是思考和学习的媒介。语言的发展会随着学习历程往前推进，人在一生的学习历程中通过语言的形式将所知道的事物呈现出来，同时呈现所要学习的事物。①

全语言教育还认为，口头语言和书面语言是两个平行的语言系统，它们分别使用两种不同的语言媒介，这两个平行的语言系统有相当程度的重叠。书面语言具有口头语言的所有基本特质，都是在有意义的语言法中所使用的符号和系统。儿童的语言学习是整体性的学习。

儿童从出生起就已经具备了学习人的全部语言的基本条件，儿童语言发展的过程是以完整的方式呈现出来的。因而儿童的语言学习应当是完整的学习，早期语言教育不仅要重视儿童听说能力的发展，也要注意为他们读写能力的发展做准备。②

整体来说，全语言教育中的“全语言”包括四个方面的含义，这也是全语言教育的内容。

一是全面的语言形式，包括口头语言和书面语言、母语和外语。其中，口头语言包括理解性口头语言和表达性口头语言，书面语言包括阅读和书写所用的语言。

二是全面的语言能力，即听、说、读、写四方面的能力。

三是全面的语言内容。具体包括文学活动(故事、诗歌、散文的阅读和创编)，字词句活动(词汇学习、扩句和句型练习类的活动)，谈话活动(对话、主题谈话、无主题谈话、讨论、辩论类的活动)，讲述活动(情景描述、看图说话、经历讲述、故事复述类的活动)，阅读活动(非文字阅读和文字阅读)，外语教学活动，语言游戏(角色扮演、戏剧表演类的活动)。

四是全面的语言活动组织形式。具体包括正规、非正规的语言活动组织形

① [美]肯·古德曼:《全语言的全 全在哪里》，李连珠译，20页，南京，南京师范大学出版社，2005。

② 周兢:《全语言教育与中国幼儿语言教育的本土化》，载《幼儿教育》，2002(Z1)。

式，随机的语言活动组织形式，如晨间、户外活动等期间开展的非正规语言活动，随时随地、随人随物、随事随境开展的语言活动。①

可以说，全语言教育的理念与《纲要》的精神高度统一。全语言教育为幼儿园开展语言教育提供了新的教育理念指导，但要在具体的实践中依据《纲要》对幼儿语言交往涉及的语言环境、语言类型以及语言交往能力进行思考、实践与分析。同时，幼儿园需要遵循学前阶段语言教育目标，遵循《纲要》提出的语言领域教育内容和要求相一致的原则。

①创造一个自由、宽松的语言交往环境，支持、鼓励、吸引幼儿与教师、同伴或其他人交谈，体验语言交流的乐趣，学习使用适当的、有礼貌的语言交往。

②养成幼儿倾听的习惯，发展幼儿的语言理解能力。

③鼓励幼儿大胆、清楚地表达自己的想法和感受，尝试说明、描述简单的事物或过程，发展幼儿的语言表达能力和思维能力。

④引导幼儿接触优秀的儿童文学作品，使之感受语言的丰富和优美，并通过多种活动帮助幼儿加深对作品的体验和理解。

⑤培养幼儿对生活中常见的简单标记和文字符号的兴趣。

⑥利用图书、绘画和其他多种方式，引发幼儿对书籍、阅读和书写的兴趣，培养幼儿的前阅读和前书写技能。

⑦提供普通话运用的语言环境，帮助幼儿熟悉、听懂并学说普通话。民族地区还应帮助幼儿学习本民族语言。

《纲要》从环境、倾听、表达、文学与阅读、生活等角度提出培养儿童各方面的语言能力，包括儿童对语言的理解能力、认知能力和表达能力；每个部分都包含认知、情感与态度、能力与技能三个方面。学前阶段语言教育目标是对学前儿童语言教育目的和要求的归纳，是教育者实施语言教育的方向和准则。有了明确的目标，教育者才能在语言教育过程中有的放矢地选择适合学前儿童学习的内容，采用适当的组织活动方式，并能恰当而有依据地评价语言教育的效果。

全语言教育认为语言教育没有统一的教材，应当根据语言教育目标来确定语言教育内容，把语言教育目标中的各部分、各方面要求转换为语言教育内容，使儿童通过多种多样的学习途径获得语言经验。这些内容有些是专门为学习语言而设计的，有些则是在其他活动中渗透语言教育内容，还有些是融入一日生活的语言环境与交流氛围的打造。幼儿园应利用主题活动、游戏、生活、单元等方式建构课程、创设学习区，让幼儿在丰富的活动中获得各领域的知识，同

① 祝士媛：《幼儿的全语言教育》，载《幼儿教育》，2004(3)。

时将语言学习的内容整合到各领域的学习活动中去。因此，全语言教育目标和幼儿园语言教育内容、幼儿园整体课程建设并不是对立的，而是相互渗透、相互影响、相互促进、相互补充的。

二、全语言教育的方法

（一）全语言教育提倡的语言教育观

全语言教育主张幼儿园的语言学习回归真实的世界。幼儿园语言教育必须利用儿童内发的动机来开展，并建立在他们的学习活动基础上。这是因为语言的发展是自然的，是具有功能的、真实的发展。语言的发展与学习者相关，也与教师采用的教育方法与教育策略息息相关。教师需要做到如下几方面。

①创设一个充满文字与书籍的读写环境。低年级应创设与现实生活紧密联系的读写环境，如邮筒、信箱、配备各种纸笔的书写中心、图书区、布告栏、展示板以及适用不同物品的标签等，创设特定的书写区或图书区，以便能够随时提供设备和资源，以适应儿童一般性学习和特定主题学习的需要。

②提供适合儿童读写的语言学习材料，包括休闲类的书籍，具有不同广度、难易度和趣味性的故事与非故事类的书籍（如知识性书籍），以及各式各样的阅读材料，如字典、电话簿、报刊、海报等。

③创造适当的时机，尽量提供机会让儿童进行听、说、读、写，促成儿童社会互动的发生；让儿童在对世界、人、事物、想法和经验的探索中进行听、说、读、写，以此促进儿童的成长。其中，“真实”“跨学科”“以主题式单元架构”成为全语言教育必须遵循的原则。

④发挥教育作用。首先，教师应当与儿童一起讨论学习活动要做些什么、何时做、如何做、需要什么材料、如何取得材料，以及谁会在哪里做什么。同时，教师应允许儿童自己管理教室。其次，教师应与儿童创建并共生课程，努力让课程与儿童的生活相关，让园内的语言经验与园外的生活相关。最后，教师应在儿童的语言学习过程中，发挥协助、支援、督视、鼓励的作用，但不控制学习，也不以一套主观的标准来强求儿童。①

（二）较受推崇的全语言教育方法

以尊重幼儿的语言发展规律为前提，幼儿园语言教育方法有了许多新的变化。在认知、情感态度和能力技能的支配下，教师乃至许多家长在对幼儿进行语言教育时，能够重视幼儿发展的需要，对积累语言材料、提高语言学习的积

---

① [美]肯·古德曼：《全语言的全 全在哪里》，李连珠译，48页，南京，南京师范大学出版社，2005。

极性、增强对语言符号的驾驭能力、养成语言文明习惯等方面给予关注。这成为全语言教育较受推崇的教育方法。

1. 愉快谈话

成人与幼儿经常性的高质量的愉快谈话比单纯让幼儿听有关语言材料对幼儿语言能力的发展影响更大。幼儿与成人的密切程度支配着幼儿学习语言的进程。谈话主要有以下三种形式。①指物提问的交谈。比如，当我们在街上行走时看见红绿灯，就可以问幼儿："这些灯有几种颜色?""三种颜色的灯代表了什么意思?"这种对由一事物引发出的一系列问题的回答，不但能发展幼儿的语言能力，丰富幼儿的词汇量，还能发展幼儿的思维。②见闻交谈。当成人带幼儿去参观、郊游回来后，可以向幼儿提问，让他们说一说见闻。比如，在某处见到什么、听到什么、吃了什么、玩了什么等。③观察、活动交谈。自然界各种景象的变化、各种活动的开展无不吸引着幼儿。幼儿的好奇心在此得到了满足，从而也产生了讲话的需求。比如，让幼儿谈谈四季的变化："春天怎么样?""夏天干什么去了?""秋天最喜欢吃什么?"这种围绕一个主题的长时间谈话有助于发展幼儿语言的流畅性和未来的写作能力。成人切不可由于缺乏耐心而错过了这些发展幼儿语言能力的好时机。

2. 连贯讲述

教师要为幼儿创造讲话的机会，支持幼儿体验讲述与交往的乐趣，在一日生活的各个环节为幼儿提供讲述、分享见闻与看法的时机，让幼儿就个人感兴趣的事物、发现、观察、疑问等在同伴或群体中寻求表达的机会。这样才能发挥幼儿讲话的积极性，成人才能有效培养幼儿的语言能力。幼儿会在成人面前不停地讲话，可是他们常常受语言能力发展所限，存在表达的意思不完整、语句不连贯、主次不清、因果不明等现象，甚至出现用手势、动作、表情来帮助解释的情况。因此，成人要抓住这些时机，利用幼儿感兴趣的话题，引导幼儿按照事件发展过程进行连贯讲述，学会把一件事情完整、清晰地表达出来。

除了鼓励幼儿饶有兴趣地自我讲述，教师还可以遵循幼儿的语言发展特点和活动需求，抓住幼儿语言学习这一关键期，将语言渗透在一日生活的各环节，通过情境讲述、读图认知、肢体表演等形式，使幼儿在自然轻松的语境中获得丰富的讲述机会，创设敢说、会说、有表情地说、创造性地说的语言交流氛围，提升幼儿的倾听能力、理解能力、表达能力、阅读能力，发展幼儿的表现力和创造力。

3. 游戏学习

游戏是幼儿的基本活动形式，也是幼儿学习语言、发展语言能力的重要途径。比如，角色游戏是幼儿园经常实施的游戏。如果教师组织得当、指导有方，角色游戏会有助于发展幼儿的语言能力。在角色游戏中，幼儿会经常模仿角色的口气来表演角色、组织与构思游戏情节，并自己创造出许多有趣、充满稚气的对话。幼儿会依据自己对于角色的认知与理解，结合动作、表情和情节的需要来组织游戏性的语言，真正做到了对语言意义的理解、掌握与创造性表达。幼儿可以充分展开想象的翅膀，推动表演情节不断更新与创造。

4. 重视各领域教育的渗透与结合

从全语言教育的角度来看，语言既是幼儿学习的对象，也是幼儿学习其他领域知识的工具。因此，教师应整合健康、社会、科学、艺术等领域的教育要求与教育价值，运用艺术、戏剧、音乐、舞蹈、绘画等多种手段引导幼儿学习语言；或者将语言学习整合到主题单元中，围绕多个领域来选择并开展主题单元活动，如社会科学、自然科学、数学、艺术等。这种打破领域界限的学习不仅有利于幼儿对语言的学习，而且有利于幼儿对其他相关领域知识的理解与应用。

教师必须根据幼儿的语言发展特点，结合幼儿的知识水平和生活环境全面、系统和科学地培养幼儿的语言能力。全语言教育认为，语言学习要融合在日常生活和各领域的学习活动中；要用儿童自然习得口头语言的方法来引导儿童学习书面语言；重视儿童阅读和书写的过程，而不只重视阅读和书写的结果；强调儿童有无穷的学习潜力；强调的是从整体到部分的学习，而不是从部分到整体的学习。这些都是幼儿园语言教育实践需要给予重视的地方。

第三节　全语言教育的意义

一、　全语言教育推动学前教育发展

教育的进步离不开理论的进步，理论是生命之花，是社会进步的基石。全语言教育提出后，在新西兰、英国、加拿大、澳大利亚等以英语为官方语言的国家中盛行。同时，全语言教育很重视在幼儿园的实践与研究、跟踪与探索。正是这些年的教育实践中的相互碰撞、相互丰富与强化，更新了学前教育的理念与实践探索。在知识经济时代，学会学习已成为培养目标的重要组成部分。全语言教育恰恰是利用听、说、读、写各种学习渠道获得全面的知识信息，倡导全人教育的目标，为社会发展指明了方向。因此，幼儿的全语言教育问题依旧是现在和今后幼儿园教育的重要话题。

幼儿园教育是现代教育体系的重要组成部分，深刻影响着幼儿的身心成长与发展。语言教育是幼儿园教育的核心内容，影响着幼儿的智力、语言能力、

社会交往与人际沟通能力发展。幼儿园语言教育具体涉及语言表达、沟通与交往、阅读与理解等多个方面。全语言教育更是强调从全面发展的角度为幼儿提供良好的语言环境，创造自由表达的语境，培养幼儿全语言的交流习惯，提高幼儿的全语言能力，为幼儿后续的学习打下全语言基础。

二、 全语言教育推动儿童观、 教育观的发展

正如教育家乌申斯基所言，语言是一切智力发展的基础和一切知识的宝库，因而对一切事物的理解都要从它开始，通过它并恢复到它那里去。幼儿正处于学习和使用语言的最佳时期。教师应以一日生活为契机，利用一切积极因素和机会，创造全语言教育与学习的实践环境，灵活、随机地开展全语言教育活动，能够培养幼儿初步的听说能力与交往技能。幼儿具备了一定的语言表达、沟通与交流的素质，才能表达思想、交流知识，才能谈得上全面发展。

受语言学研究转向和儿童语言获得理论进展的影响，儿童语言教育领域发生了深刻的变革。现代儿童语言教育将儿童看作语言的使用者，认为儿童是在有目的的活动中，在与他人相互作用的过程中，通过运用语言来学习语言。儿童语言教育应重视培养儿童运用语言的能力，以促进他们交流能力的发展。一个人具有交流能力，是指他能够通过变化、调整说话的内容以及组织语言的结构，来适应特定的社会情境的能力。语言教育的目标是在各种各样的情境中，帮助儿童在运用口头语言和书面语言时体验到控制感，能通过运用语言来达到各种各样的目的——也就是说，使儿童成为一个具有交流能力的社区成员，或者更广义地说，社会成员。① 可见，现代儿童语言教育的目标是要让儿童通过运用语言来培养交流能力。

三、 全语言教育推动课程观的转向与教学方式的变革

全语言教育主张将儿童在真实情境与事件中的学习置于中心地位，既强调儿童以语言为内容、以语言为工具在真实情境与事件中的学习与运用，也强调教师对儿童语言使用方面的支持与引导，以及教师对儿童学习发展的全面观察、理解、支持和引导。这其实指向教育内容与教学方法两个系统的变革与转向：一是呼吁课程的真实性、完整性与整合性；二是呼吁教学方法的内部支持性、个体差异性与主动学习性。全语言教育认为，只有两个系统全面真实地展开，才是真正将儿童语言学习的外部各类因素与内部学习动机进行有效的融合，打

---

① 胡娟：《论我国幼儿园语言教育目标转变的理论基础》，载《幼教博览》，2000(3)。

造和提供全面的学习环境与内容。同时，教师需具备更高层次的教育观念与高超的教育方法，提供以儿童为中心的支持与协助，鼓励与促进儿童的语言学习与认知，从而真正地在促进儿童个体发展的基础上促进儿童的整体发展。两个系统相互支持与相互渗透、相互联系，最后才能真正看见儿童，发现儿童，促进儿童的全面发展。

对于全语言教育来说，语言学习的环境首选生活与社会，因为它们既是儿童语言学习的内容，也是在儿童语言学习与发展过程中能够施以教育和影响的“隐形老师”。这不仅与“一日生活皆课程”的课程理念高度一致，也与杜威的“教育即生活”的教育观不谋而合。为此，幼儿园语言教育的课程应当是全面的、完整的，既要引导幼儿学习口头语言，也要引导幼儿学习初步的书面语言；既要让幼儿理解和运用日常交往语言，也要引导幼儿学习启蒙性的文学语言；在选择和编排语言教育内容时，要把语言的学习内容与真实的社会生活视为一个整体，而非将教学、游戏、活动与生活等各环节进行切割与分裂，使其成为各部分各取其长的技能学习。

全语言教育指向整体性的教学指导方法，是基于儿童全面发展的诉求而形成的。每个人在尝试与外界沟通时，便在个人的疆界内重新创造了语言。这便呈现出语言学习过程与结果的差异性。因此，早期语言教育不仅应重视一日生活中的语言学习，也应重视儿童听、说、读、写能力的发展，为儿童语言的全面发展做准备。早期语言教育还应重视、发现与理解儿童在语言学习方式、语言学习过程与语言学习结果方面的差异性，适时给予支持与协助。基于此，对教师的角色转变也提出了以下的变革：教师是将课程内容与儿童的生活内容进行联系的课程缔造者；教师是将园内的语言学习经验与园外社会情境紧密关联的氛围创设者；教师是帮助儿童发展语言能力，使儿童通过语言学习持续学习到更多知识的支持者、引导者与帮助者。

第四节　全语言教育对实践的诉求

全语言教育呼吁回归真实的世界，与儿童的生活经验相联结，让儿童通过一日生活环节且在一日生活中来完成完整的全语言训练。全语言教育应当是完整的、真实的、与经验相关的。这时的全语言教育有实用功能，是有意义的。与情境融合的实用的语言是很容易学习的。只有当儿童必须使用语言来满足自己的发展需求时，学习才有目的，才能发挥功用。

全语言教育理念应当不断应用到幼儿园的教育改革和课程建设实践中，一方面促进教师语言教育教学观念的转变，另一方面对幼儿园的语言教育实践提出诉求，即如何将全语言教育理论与我国语言教育环境和内容相结合，有效实现幼儿园语言教育本土化。这既要考虑依据幼儿语言发展的规律进行全语言教育，又要结合我国国情、地方实情与幼儿园等各层次的实际情况，合理走出幼儿园实施全语言教育的实践之路。

一、主动对幼儿园的语言课程实践进行思考

全语言教育倡导把听、说、读、写等方面的情感态度、认知和能力的发展作为幼儿语言教育的目标。长期以来，我国存在单纯强调口头语言表达能力的培养，未将书面语言的启蒙教育列入幼儿园语言教育范畴的现象。从完善我国幼儿园语言教育的目标和内容来看，我们在幼儿园语言教育中既要培养幼儿的听说能力和听说习惯，也要进行书面语言的启蒙教育；既要帮助幼儿理解和运用日常生活用语言，也要引导幼儿学习文学语言。即把幼儿园语言教育中的“语”和“文”融为一体，而不要将其分裂开来。

二、主动对语言教育的过程进行思考

全语言教育的研究者主张教师在组织教育活动中，以儿童为主体，起到支援、督导、鼓励作用。《纲要》明确指出，发展幼儿语言的重要途径是相互渗透的各领域的教育，要在丰富多彩的活动中扩展幼儿的经验，提供促进幼儿语言发展的条件。教师在幼儿园语言教育中比较关注语言教育活动的设计与组织，在组织活动时注意为幼儿创设运用真实语言的交流情景，使语言教育的过程成为教师与幼儿共同建设的、积极互动的过程。因而，语言教育过程应当成为一个师幼间相互建构、共同创造与生成的过程。

三、主动对语言教育策略及方法进行思考

实施全语言教育最好是按照主题安排学习区，让儿童在丰富的学习环境中获得各领域的知识，同时将语言的学习统整到主题学习活动中去。比如，在书写区和图书区，应提供足够的资源，以满足儿童一般性学习和特定主题学习的需要；在学习语言技巧的课程时，学习区通常是儿童练习读和写的地方，学习区的内容会和正在开展的主题活动相互结合。目前，专门为儿童共同发展提供的语言集体教学活动仍然是不可缺少的。那么在语言教育策略和方法方面，如何跳出语言集体教学活动的束缚开展多种教育活动，体现全语言教育理念？如何为全体幼儿提供发展语言的机会？如何设计体现全语言教育理念的教育活动？

如何将全语言教育理念渗透在日常生活中？上述问题都需要通过研究与实践给予回答。

四、 主动对全语言教育的评价进行思考

全语言教育的评价重在关注教师扮演的角色是否恰当，儿童学习语言过程中的主体地位是否得到保证，教师与儿童之间的关系处理是否得当，儿童之间是否产生互动等方面。这些体现的均是过程性评价的内容。因此，教师要充分考虑环境、生活环节、主题活动的特点与儿童语言学习的方式，考虑儿童的学习动机与过程、学习效果、创新性等多方面因素，从而有效设计与实施语言教育。教师还要注意利用集体活动方式开展全语言教育，避免出现儿童语言学习机会不足或机会不平等的问题。

第三章 全语言教育视域下的幼儿园语言教育途径

全语言教育重视幼儿在运用语言的过程中，在真实的全面实践中学习语言，认为游戏和生活对幼儿来说是有意义的、真实的实践。幼儿园开展全语言教育，应当采用多种多样的教育途径。那么作为幼儿每日生活与学习的场所，幼儿园可以开展哪些语言教育、采用哪些语言教育内容、运用哪些语言组织形式，来实现全语言教育的目标呢?

第一节 注重五大领域活动中的语言能力培养

幼儿园开展集体教学活动的目的是支持幼儿在动手与体验的过程中进行领悟式学习，通过实实在在的体验、操作和应用来不断地提升相应的能力。在集体教学活动中，教师所追求的是让幼儿能够正确而清晰地说话，能够听懂他人的说话内容，帮助幼儿在真实的语境中发展运用语言的能力，从而既为幼儿日后与他人交流打下基础，也为幼儿学习知识、应用知识打下基础。

在集体教学活动过程中，教师需要重视教学活动与相关任务的真实有效性，通过游戏化的方式开展教学活动，以玩促学，以轻松、和谐、愉悦的氛围让幼儿主动学习核心内容。同时，教师要对教学成果进行积极的评估，保证教学活动开展的有效性。此外，教师还需要关注幼儿对教学用语的倾听能力、理解能力以及幼儿运用语言表达与学习的能力，给幼儿相应的指导与支持，从而既实现不同领域的核心目标，也实现幼儿语言习得与应用的目标。

在集体教学活动中，语言的学习是融合在不同领域的。这种语言的学习打破了不同领域的界限，语言技能和语言策略是在真实的情境、语言实践中形成的，语言经验是渗透在整体的领域学习中的。语言学习与应用情境对幼儿语言能力发展十分有益，也会为其他能力的运用提供机会。可见，幼儿的语言发展是通过多种渠道和多种形式完成的。

按照领域来划分，集体教学活动有以下几种类型。

健康领域的集体教学活动是师幼围绕身体与心理健康的内容，以语言为主要沟通与交流媒介开展的集体教学活动。

语言领域的集体教学活动是以发展儿童的语言核心经验为目标，围绕儿童文学作品(如故事、诗歌等)开展的集体教学活动。教师在户外活动、游戏活动或一日生活环节中组织幼儿对自己熟悉的故事进行讲述、对个人的经验进行分享等，都可以对幼儿的语言发展起到促进作用。

社会领域的集体教学活动是教师围绕社会性发展的要求和目标，组织幼儿共同参与并实施的集体教学活动。比如，“祖国在我心中”“我去公园了”等都是这类活动。

科学领域的集体教学活动是教师引导幼儿一起参与的促进幼儿科学思维、科学意识、科学能力发展的集体教学活动。比如，“一起动手做实验”“我到幼儿园乘坐的地铁线路”“认识数量与规律”“小汽车去哪里排队”等都是这类活动。

艺术领域的集体教学活动是教师组织并开展表演、绘画、音乐、戏曲等的集体教学活动，在发展幼儿的艺术熏陶和感染力的同时促进幼儿的语言倾听与表达能力的发展。

第二节　开展多种类型的语言集体教学活动

语言集体教学活动是指教育者有目的、有计划地利用语言教学内容，通过一日生活和活动区活动相配合，引导幼儿习得与运用语言经验的教育过程。语言集体教学活动是教师指导下的语言教学活动与幼儿学习活动。幼儿是语言集体教学活动的主体，教师是语言集体教学活动的指导者与引导者。语言学习内容可以是预设的或生成的，形式则是多种多样的。

按照形式来划分，语言集体教学活动的主要有如下几种类型。

交谈与讨论活动是幼儿与幼儿之间以问答或对话形式进行言语交往的活动。教师根据幼儿的年龄特点精心为幼儿选择适合他们的谈话主题；还可以开展主题谈话或主题讨论活动，促进幼儿的语言能力发展。

讲述与分享活动是旨在发展幼儿的独白言语能力的活动。比如，实物讲述和图片讲述、拼图讲述和情景讲述、经验讲述、故事讲述等都是这类活动。其中，阅读分享可以让书与幼儿、幼儿与幼儿互动起来，让幼儿产生语言的共鸣。

听说游戏及互动活动是以提高语言教育活动的游戏及互动的实效性为目标，从教师的教转到激发幼儿的玩上来，从教师的单向传授、灌输转到多层次、复杂的信息交换上来，使幼儿在与他人的互动中由被动思考转变为主动积极思考的活动。

表演与配音活动是教师借助幼儿生活中较为熟悉的儿童剧、动画片等内容，以语言表达、话剧表演等形式激发幼儿运用语言主动参与表演的集体教学活动。这类活动是发展幼儿表达能力的主要形式。幼儿可以自己创编表演区的活动内容，实现自主性发展和艺术表现的再创造。在教师的支持下，幼儿借助故事、童话、诗歌、散文等内容，进行艺术的再加工、再创编等活动。

儿童文学欣赏活动是教师选择具有教育意义的故事、诗歌、童谣、散文等儿童文学作品，引导与支持幼儿感受、理解与欣赏这些文学作品，或以仿编、续编等来习得相应文学语言表达方式的集体教学活动。

早期阅读活动是教师以绘本为主要阅读对象，引导幼儿在真实的生活情境中共同为了解绘本内容而开展的融语言的听、说、读、写为一体的集体教学活动。

综上所述，语言集体教学活动是将语言内容与集体教学活动的形式巧妙融合，旨在培养幼儿的语言相关能力。借助语言集体教学活动这种形式，教师的教学效果将会得到提升。当然，教师一定不能忽视活动开展有效性的评估与改进，从而真正实现语言集体教学活动的设置初衷。

第三节　开展贯穿一日生活的语言活动

一日生活是语言发展的源泉。丰富多彩的一日生活既充实了幼儿的语言学习内容，又为他们创设了语言表达与交流的情境。

一、紧密联系在园生活开展语言活动

教师要把幼儿在园的全部活动看作语言教育的活教材，把语言练习和幼儿的生活紧密联系在一起，让他们运用语言充分表达自己的感受和思想。每一个游戏环节、每一个生活细节都闪耀着教育的思想光辉，都体现着教育者的努力与付出。

教师可以结合日常生活交谈激发幼儿的表达欲望，让他们说说看到的和听到的新鲜事。教师有目的或者随机地提供幼儿感兴趣的话题，如幼儿园里有了新玩具，你玩的是什么？今天下雪了，你看见了哪些不一样的变化？周末下雨了，你是怎么度过的？这个周末让你最高兴的是什么事情？久而久之，幼儿的语言表达能力、观察能力都会得到发展。

幼儿是在一日生活中与他人互动的，是在运用语言的过程中建构个人的语言能力。教师应将一日生活各环节的中心舞台还给幼儿，让幼儿拥有足够的自由时间和表达空间。教师还应扮演引导者、启发者的角色，发挥中介者的作用，以此为幼儿的语言发展提供机会与平台。教师必须认识到，在生活中幼儿学习语言的过程是没有“错误”可言的，体现了幼儿的各种尝试和创新。

二、 创造温馨和谐的环境， 促进幼儿主动表达

语言是在一定的社会环境和实践中发展起来的，幼儿语言表达能力的发展在很大程度上受周围环境的制约。首先，教师要创设平等和谐的精神氛围与班级氛围，让幼儿有话愿意说。当幼儿主动与教师说话时，教师要做认真的倾听者，热情地与幼儿对话；同时要有意识地激发幼儿的情感，活跃幼儿的思维，创设平等融洽的气氛，使幼儿有话就说，有话可说，有话想说，有话敢说，有话会说。

其次，教师要注重班级语言环境的创设，为幼儿的自由沟通与交流提供平台。比如，小班可以创设家庭式、温馨式的环境。教师应与幼儿共同讨论并打造班级的图书角、语言角，带领幼儿一起看图书、讲故事给幼儿听、与幼儿一起开展语言类的游戏活动。此外，教师一定要与幼儿平等相处，尊重幼儿，积极鼓励、引导他们说话。幼儿缓解了紧张心理，就愿意投入游戏，就越来越敢说、越来越愿意说。幼儿接触到的语言环境越丰富，他们就越能隐性地习得一些语言表达方式与方法，特别是获得前阅读与前书写能力，如读符号、画符号、做记录等。

三、 提供引发操作学习的材料， 为幼儿的语言学习创设条件

教师要让幼儿有话可说，还要在制作引发幼儿说话的材料方面下功夫。教师可以根据幼儿的好奇心强、活泼好动、注意力时间短等特点，设计制作并投放语言区的各类活动材料。在投放材料时，教师应力求做到选材简便、形式新颖、富有吸引力。比如，在娃娃家提供炒菜、做饭的玩具材料、在建筑区设置有不同标志的符号，能够引发幼儿相互看看、讲讲、摸摸、猜猜，以此引发幼儿说话。

此外，教师还可以创设条件鼓励与支持幼儿有话可说、有话想说。比如，在每天的餐前和离园时段，教师鼓励幼儿自由谈话，可以谈论我的一家、我最喜欢的玩具、我最喜欢吃的东西、我最要好的朋友等，吸引幼儿根据自己的需求进行自由讲述。

四、 给幼儿提供表达的自由时间

全语言教育认为，幼儿园语言教育应是完整的、全面的。这就需要保证幼儿的语言学习是在真实世界开展的有用的学习。因此，教师需要给幼儿提供充足的

时间，提供支持幼儿展开自由联想和自主表达的机会，并给幼儿积极的回应。

在语言学习中，教师要意识到幼儿拥有支配时间的权利。当幼儿玩游戏时，教师可以放手让幼儿学会自己寻找同伴、协商分配材料、讨论玩法和规则、商定奖惩办法，然后引导幼儿遵守游戏规则，在游戏结束后建议幼儿向其他伙伴介绍玩法，学会反思。这样既保证了幼儿的听说与分享，又促进了幼儿交往能力的发展。

幼儿园可以增加自由活动的时间，给幼儿提供更多的交往机会。在集体活动中，幼儿较少有自由交谈的机会。这对幼儿的语言发展也是一种阻碍。教师可以为幼儿增加自由活动的时间，甚至专门开辟私密的交谈区，鼓励幼儿前去“闲聊”；在幼儿吃饭、盥洗、睡觉、穿脱衣服时，也允许幼儿之间轻声地交谈。这样在生活中给幼儿提供交谈与沟通的机会，能够使幼儿在交谈、协商中学习和发展语言。

教师要利用一切积极因素和机会，以一日生活为途径，激发幼儿交流与表达的兴趣，使幼儿乐意运用语言进行交往，帮助幼儿积累运用语言的经验，培养幼儿初步的听说能力以及交往的技能，进而使幼儿在品德和思维等方面得到一定的发展。

第四节　打造具有意义的语言互动环境

环境剥夺理论认为，使儿童所生活的环境单调或缺乏刺激会严重损害儿童的心理发展，将导致儿童出现情感冷漠、语言发展迟滞、智力落后于同龄人的后果。与以皮亚杰为代表的认知发展理论的观点非常一致，全语言教育也注重环境与主体相互作用对语言形成和发展的影响。全语言教育认为，儿童语言学习的首要途径就是创设环境，既包括丰富的物质环境，以及充满支持与挑战的精神环境。因此，幼儿园应创设全语言学习环境，鼓励并支持幼儿与环境进行互动。《纲要》提出：“发展幼儿语言的关键是创设一个能使他们想说、敢说、喜欢说、有机会说并能得到积极应答的环境。”幼儿园全语言教育应从环境入手来发展幼儿的语言，提高幼儿的语言能力。那么，打造具有意义的语言互动环境应该包括以下内容。

一、 创设丰富的语言区域

幼儿园要充分发挥语言区域的功能，依据幼儿的学习方式和特点，从材料入手，创设一个融口头语言与书面语言为一体的语言学习区域，使其贴近幼儿的生活经验，让幼儿乐于进行互动、游戏或操作，在与材料的对话中学习语言、加工语言、创造语言。

首先，设置发展幼儿口头语言的环境，如放置故事机和耳机，鼓励幼儿听故事；放置电话机，让幼儿经常两两打电话，相互讲述自己的悄悄话；放置木偶、指偶，让幼儿讲述故事、续编故事。

其次，设置发展幼儿书面语言的环境，如提供图片，让幼儿有进行单幅图片讲述、多幅图片讲述和排图讲述的机会；提供多种类型的、适宜的图书，鼓励幼儿多阅读，激发幼儿的阅读兴趣与热情。

语言区域可以和表演区域有机整合，既为幼儿提供更多的展示空间，又实现了区域动静的分隔。

二、 让班级墙面会说话

全语言教育倡导以主题式单元架构课程。因此，幼儿园应当紧紧抓住班级墙面凸显儿童主题活动过程的特质，让班级墙面会说话。教师应依据幼儿的活动、兴趣随时更新班级墙面的内容，与幼儿共同布置，支持幼儿自己商量和讨论班级墙面的布局、内容的呈现，并引导幼儿讲述班级墙面的内容，将幼儿的主题活动参与经验、认知经验、认知感受融入班级墙面的布置，大大提高幼儿语言表达的积极性。

绘本是采用图画与文字的方式共同叙述故事，表达特定情感、主题的读本。绘本一般画面精美，富有内涵，是儿童丰富的语言学习资源。在班级中，教师可以将绘本投放与主题内容进行结合，将同一主题不同核心价值的绘本以不同的形式投放在班级中。这样一方面彰显绘本所具有的阅读价值与借鉴意义；另一方面让幼儿零距离地进行阅读与翻阅，激发幼儿阅读的欲望，培养幼儿的探究兴趣、想象力和创造力。教师应引导幼儿学习生活中常见的简单标记和文字符号；利用图书、绘画等，引发幼儿对阅读和书写的兴趣，培养幼儿的前阅读和前书写技能。

电视中的新闻播报与新闻采访是儿童生活中常见的语言活动。班级可以为儿童设置与他们生活经验相关的“新闻播报环境”，寻求家长的大力支持，鼓励幼儿将每天的观察与发现内容进行播报，让幼儿有话可说。比如，开辟“每天新闻早知道”“天气预报”“今天我主持”等栏目，鼓励幼儿每天回家关心新闻，把自己从电视中了解的新鲜事分享给大家。有了家长的支持与提前的准备，幼儿在表达方面会更加流畅顺利。

文字的启蒙认知能促进幼儿对前识字和前书写技能的积累。6 岁左右儿童已经能够认识文字，能把文字和口语对应起来，初步了解文字的功能意义。因此，教师可以发挥文字的特殊功能，鼓励与支持幼儿进行前识字和前书写技能的习得，避免出现“小学化”的倾向。比如，前书写技能培养可定位于初步了解汉字的结构方式，初步了解汉字的书写规则，初步认识汉字的书写工具，初步学习书写汉字的正确姿势。教师可以借助功能性文字的使用，使幼儿的初步读写能力得到发展。

三、 注重语言特色与环境文化融合

特色课程应注重与幼儿园环境文化的有机融合，凸显全语言教育环境之美。教师要依据《纲要》《指南》整体规划幼儿园环境创设，发挥幼儿园环境的教育功能，使幼儿园环境成为熏陶幼儿、感染幼儿、与幼儿对话的无声“教育者”，让幼儿园的一景、一物都能与幼儿无声地“对话”，使幼儿园成为教育的乐园。

结合幼儿的年龄特点、发展目标，教师可以创设不同主题的语言教育环境。比如，小班楼道创设突出行为习惯养成的儿歌主题的环境；中班楼道创设突出绘本故事主题的环境；大班楼道创设突出排图讲述主题的环境。

此外，幼儿园还可以开设借阅馆。这样一方面为幼儿提供丰富多彩、种类多样的绘本，开阔幼儿的阅读眼界；另一方面带领幼儿共同体验真实情境中借阅馆的相关规则与流程，自制借书卡，理解借书、还书的表达方式，习得统一的社会规则。

总之，环境是教育的隐性课程，是一本立体的、多彩的教科书。教师只有精心打造富有情趣的环境，才能吸引幼儿主动与环境互动，认真观察、积极探究，并从中获得经验、能力、智慧和情感体验。

第五节　开展丰富多彩的语言特色活动

《幼儿园工作规程》明确指出，教育活动是有目的、有计划引导幼儿主动活动的多种形式的教育过程。教师应开展丰富的语言特色活动，以营造艺术性、教育性、知识性、主题性的氛围为目的，凸显幼儿的参与性，让幼儿真正成为全语言发展的主人。教师应在丰富多彩的语言特色活动中，关注幼儿多项能力的发展，变封闭为开放，变单调为多元，变机械记背、答问为充盈而丰富多彩的实践活动，如体验、探索、讨论、游戏、表演、展示、欣赏等，既增加幼儿多种语言运用与表达的机会，也开阔幼儿的眼界、丰富幼儿的经验、支持幼儿亲身参与实践，在具有语言特色的真实情境中获得浸润、获得发展。教师可以开展如下几种语言特色活动。

一、 开展系列主题活动

面向不同班级的幼儿，幼儿园可以主题活动的探究为线索，开展小导游、小主持、小记者、小广播、主题宣传等主题类的系列活动，锻炼幼儿的语言表达能力、观察事物能力、与他人交往的能力等，为幼儿搭建大胆表述、展现自我的平台，也促使幼儿在完成任务的过程中协商合作、发现问题、解决问题而实现主动学习。

二、 开展渗透语言元素的节日庆祝活动

幼儿园可以将不同时令中的节日主题与文化传统相结合，举办大型开放式的节日庆祝活动，让幼儿充分体验语言的多种表达形式与方法，感受特殊的游戏中学习的方式。比如，端午节时开展端午民俗游园会活动；“六一”儿童节时开展笔墨纸画庆“六一”活动，或组织幼儿引领家长进行参观，给幼儿充分体验、展示的舞台。

三、 组织语言类的朗诵与表演活动

幼儿园可以依托丰富的语言内容与形式，面向幼儿开展大型特色活动，使幼儿学以致用。比如，开展朗诵活动，通过朗诵儿歌、绕口令、谜语、古诗、儿童散文、故事等，激发幼儿学习语言的兴趣，陶冶幼儿的情操；开展故事大王的表演与讲述活动，为幼儿打造语言展示的舞台，锻炼幼儿的语言表达能力与演绎能力，同时丰富幼儿的视听感受，提升幼儿的语言审美能力。

四、 开展班级亲子语言活动

幼儿的语言发展离不开家长的支持与榜样作用。幼儿离开家庭进入幼儿园，由于环境的变化很容易“沉默寡言”。幼儿园除了要唤起家长主动陪伴并引导幼儿主动表达内心的所想所感之外，还可以有意识地开展亲子语言活动，通过设计巧妙的亲子合作，实现全语言教育与家庭教育指导的衔接。比如，开展图书跳蚤市场活动、亲子童话剧展示活动、家庭亲子辩论活动、家庭亲子配音活动、亲子阅读活动、家庭趣味游戏一起玩活动。在亲子活动中，家长不仅是幼儿游戏的指导者，还是幼儿游戏的参与者与合作者，家长的全身心投入能够有效地激发幼儿的表达愿望。因而，全语言教育旨在联结幼儿的生活经验和社会经验的学习，发挥成人主动引领与示范的作用。

第四章 多种类型的语言集体教学活动

第一节 谈话活动

一、 基本概念

谈话活动是指两人或多人围绕一定的主题内容和范围，以对话的形式开展的语言活动。谈话活动是以口语沟通与交流为基础的，对幼儿的语言表达能力发展与社会交往都有着重要影响。

幼儿园谈话活动主要是指教师围绕幼儿感兴趣的话题，运用生动有趣的方式，引导幼儿围绕主题进行交谈的集体教学活动。教师可以事先确定谈话活动的目标，依据目标来设计有层次、有阶段的谈话，使谈话的进程不断扩展，达到既充分鼓励幼儿相互倾听与交流，又扩充幼儿相关知识与经验，形成对某类话题较为全面认识的效果。可以说，谈话话题的扩展主要由教师在倾听与参与幼儿谈话的过程中，通过主动提问、追问等方式及时抓住契合点而实现的。

谈话活动强调宽松自由的交谈气氛，不特别强调规范化的语言；鼓励幼儿相互主动交谈，积极表达个人的想法，在谈话主题范围内说自己想说的话，说自己独特的经验；不要求幼儿严格使用准确无误的句式、连贯完整的语段等，要给幼儿创设轻松和谐的表达氛围。实际上，谈话活动由于注重为幼儿提供充分说的机会，使幼儿在运用语言交流的过程中能够不断地操练自己的语言，使幼儿在交谈中提高对口语交流规则的敏感度，从而获得口头语言能力的发展。

幼儿园谈话活动一般包括看图谈话、情境谈话、参观后谈话、总结性谈话等。有效开展谈话活动，需要教师明确谈话活动所具有的教育价值，理解谈话活动的教育目标。谈话活动的教育目标包括培养幼儿倾听与及时捕捉有效信息的能力；引导幼儿学会围绕一定的话题谈话，提高表达个人见解的能力；引导幼儿学习简单、基本的交谈规则，提高与他人交往的能力。

二、 选材要点

（一）选择幼儿共同感兴趣的话题

兴趣是一切活动有效开展的起点。在谈话活动中，共同感兴趣的话题对于幼儿来说就是天然的“谈资”。只要教师能够精准关注到幼儿的兴趣并在谈话时将话题抛出来，那么就能强烈激发幼儿的参与兴趣，充分调动幼儿谈话的主动性与积极性，吸引幼儿全身心地加入谈话的过程。

（二）选择幼儿有共同认知经验的话题

共同的认知经验是幼儿坐下来进行相互沟通与交流的“经验宝库”。幼儿只有对话题具备一定的生活经验，具有对于话题的基本看法和个人态度，才能做到在谈话活动中有话可说、有话想说，进而相互交流和讨论，实现谈话活动轻松愉快地开展。

（三）选择幼儿有共同操作体验的话题

共同的操作体验是教师可以依据幼儿的行为与结果挖掘出的话题“宝藏”。教师通过相关话题的谈话活动组织，可以支持与鼓励幼儿将在动手操作或全身体验的过程中的理解、感受与采用的方法进行共享。鲜活的经验与深刻的感受能持续帮助幼儿厘清谈话的思路、了解他人的经验、拓展相关认识、获得操作的方法，进而使谈话活动有趣而有益。

（四）选择符合幼儿年龄特点的话题

每个年龄段的幼儿在认知经验、语言表达能力方面都呈现出与其他年龄段幼儿不同的发展水平与发展趋势。因此，在选择话题内容时，教师应该依据幼儿的年龄特点进行筛选。小班的话题可以围绕幼儿熟悉的、每天都能接触到的事物确定，如“食物”“玩具”“家人”“熟悉的动物”等；中班可以适当扩展话题内容，如“朋友”“服装”“汽车”“动物保护方法”；大班可以增加一些有关社会现象的话题，如“雾霾”等。

三、 实施要点

（一）凸显显性设计， 创设热烈的谈话氛围

教师在实施谈话活动时，可以做好充分的教具准备等，创设热烈的谈话氛

围，尽可能地调动幼儿视、听、嗅、味等多方面的感觉，使谈话氛围轻松、有趣、生动，从而使幼儿积极投入、主动说话、有话可说。

（二）肯定包容，鼓励幼儿主动参与

在幼儿参与谈话的过程中，教师始终要贯彻“幼儿是在语言表达的过程中学习语言”的思想，尽可能地对幼儿的表达内容给予肯定与包容，关注幼儿谈话时的兴趣与积极性，给幼儿表达的机会，不主动对幼儿表达的内容进行权威式的评判与反驳，将谈话的发起与回应、判别与定性的权利尽可能交给幼儿，鼓励与支持幼儿在交谈与讨论中相互肯定、补充、质疑、反对或提问。

（三）注重过程隐性参与，支持谈话内容扩展深入

在谈话活动过程中，幼儿学习语言离不开教师的支持，但这些支持都是隐性的。比如，教师及时以同伴的身份参与幼儿的谈话活动，通过微笑、点头、倾听等方法支持幼儿说出自己的看法，通过提问、反问、追问等方法，支持幼儿不断将谈话内容与经验进行扩展；通过梳理总结并适时抛出话题等方式支持幼儿对谈话内容进行深入思考。隐性支持不断丰富了幼儿的认知经验，又促进了幼儿的思考。

（四）关注幼儿发展，实现品质与能力的双向培养

谈话活动的教育价值是多向的，能激发幼儿的语言表达兴趣、树立幼儿的语言表达自信等；能培养幼儿的倾听能力、依据谈话及时调整思路并清晰讲述的能力；还能渗透社会规则的学习，如轮流说话、安静听他人讲话、调整自己的声音。因此，在幼儿的谈话过程中，教师还需要着眼于幼儿的发展，通过隐性支持的方法，对幼儿表现出的学习品质或倾听与表达表现进行及时的评价，从而真正提升幼儿的谈话品质与谈话能力。

四、教学案例

案例 4-1 中班谈话活动：动物怎样保护自己

一、设计意图

幼儿对身边的动物很感兴趣，喜欢看关于动物的百科全书，还会相互谈论自己了解的动物的事情。结合幼儿感兴趣的内容，我们通过选择幼儿熟悉的典型动物，以“动物怎样保护自己”为话题，开展面向幼儿的谈话活动，帮助幼儿建构对于动物的认知，深化幼儿对于动物自我保护的经验，并让幼儿在和谐热

烈的氛围中较为清晰、完整、全面地表达出来。

二、活动目标

①能够围绕“动物怎样保护自己”的话题展开讨论。

②能够认真倾听他人的谈话内容，轮流谈话，大胆表达自己所了解的动物保护知识。

③愿意把自己了解的动物保护知识表达出来，体会与教师、同伴聊天的快乐。

三、活动准备

①经验准备：幼儿认识并了解有关动物的知识。

②物质准备：变色龙、兔子、羚羊、刺猬、乌龟的图片各一张以及有关动物的视频等。

四、活动重难点

①活动重点：围绕“动物怎样保护自己”的话题进行讨论。

②活动难点：认真倾听并轮流发言，愿意把了解的动物保护知识主动表达出来。

五、活动过程

(一)利用谈话导入活动

师：小朋友，你喜欢动物吗？你喜欢什么动物？

教师引导幼儿完整表述，保持声音洪亮，提醒幼儿认真倾听。

(二)出示提问卡，引导幼儿全面讲述自己了解的动物

师：你想讲的动物叫什么名字？它住在哪里？

师：你想讲的这个动物长什么样子？喜欢吃什么食物？

师：你还了解这种动物的其他事情吗？你如果知道别人讲的动物的其他事情，也可以给予补充。

(三)讨论动物的天敌，引入话题“动物怎样保护自己”

师：动物生活在自然界，它们都有天敌。它们的天敌是什么呢？

师：为了躲避天敌，它们都会自我保护，它们怎样保护自己呢？

(四)播放视频，聚焦讨论“动物怎样保护自己”

师：视频中的这些动物(变色龙、兔子、羚羊)有什么特点？它们用什么方法保护自己？

师：你还知道哪些动物和它们一样，也能用这些方法保护自己？

师：除了这些动物，你还知道哪些动物也会保护自己？它们用的方法是不是一样的？(呈现刺猬和乌龟)

教师引导幼儿认真倾听，主动思考，大胆表达自己的想法，并将语言表述完整。

(五)引导幼儿分组，相互交流自己知道的动物保护方法

师：请大家四人为一组，共同讨论你最喜欢哪种动物的保护方法，为什么？你还知道哪些动物可以自我保护？它们保护自己的方法是什么？

教师引导幼儿认真倾听和轮流表达，注意相互提问与完整表述。

(六)活动小结

师：今天大家在听别人讲的过程中一定了解了很多有关动物的知识。我们知道了动物在外形、生活环境等方面存在不同，保护自己的方法也不一样。希望以后大家在一起讲话时仔细听听别人说的事情，大胆说说自己知道的事情。这样每个人都能学到越来越多的知识，变得越来越聪明！

（案例提供：王晓岚）

案例 4-2 中班谈话活动：我的飞行器

一、设计意图

《指南》指出："语言是交流和思维的工具。幼儿期是语言发展，特别是口语发展的重要时期。"谈话活动能够很好地锻炼幼儿的倾听与表达能力。中班幼儿已经有一定的知识储备和生活经验，同时能够发现日常生活中感兴趣的话题，有自己的思考。为了促进幼儿围绕话题表达自己的想法，能够在倾听他人的表达后进行思考、质疑、辨析，结合本班近期开展的主题活动"有趣的飞行器"，在幼儿制作飞行器并成功试飞的情况下，我们设计了谈话活动"我的飞行器"。本活动从引出话题自由交谈到拓展谈话的范围，帮助幼儿将谈话内容层层深入，在谈话中有效发展幼儿的语言表达能力。

二、活动目标

①愿意主动参与谈话活动，能够围绕飞行器的话题积极表达自己的想法，轮流发言。

②认真倾听同伴谈论的内容，共同分享自己想象中的飞行器是什么样的。

三、活动准备

①经验准备：关于飞行知识和倾听习惯的经验准备。

②物质准备：关于制作飞行器的图片和实验视频等。

四、活动重难点

①活动重点：愿意参与到谈话活动中，结合已有经验表达自己的想法。

②活动难点：借助动作、表情、凭借物等方式辅助自己的表达，让他人更加明白自己的意思。

五、活动过程

(一)活动导入

师：前一段时间，我们在幼儿园进行了飞行的实验活动，也回家和爸爸妈

妈制作了能够飞起来的玩具。我们一起来看一看(出示图片)。

师：你们的飞行器是用什么材料制作的？是和谁一起制作的？是怎么制作的？

师：你喜欢谁的作品？为什么？

(二)引导幼儿结合已有经验谈论飞行器的制作

师：老师把你们在家进行实验的视频合成了一个视频，我们一起来看看吧(播放幼儿在家的实验视频)。

师：你的飞行器飞行成功了吗？是实验了几次之后成功的？你是用什么方法制作的？

师：今天老师带来了几个小朋友制作的飞行器，我们来试一试能不能飞起来。

师：这几个飞行器是怎么飞起来的？它们飞行的轨迹一样吗？有什么不一样？

师：你们还见过其他样子的飞行器吗？它们的飞行轨迹是什么样的？

(三)引导幼儿说说自己想设计的飞行器

师：今天我们来设计一个有超级功能的飞行器，它可以飞到你想去的任何地方，拥有你想要的各种功能。

师：现在请小朋友们闭上眼睛想一想你设计的飞行器将是什么样子的，想要飞到哪里，有什么神奇的功能。

师：谁愿意把自己想象的飞行器介绍给大家？它有什么神奇的功能？它能飞到哪里？

(四)梳理总结

师：在活动中大家都能够积极参与谈话，声音洪亮，清楚地表达；还能够积极思考，完整说出自己的想法；当同伴发言时也做到了认真倾听、轮流说。

(案例提供：刘韵楚)

案例 4-3　大班谈话活动：雾霾来了

一、设计意图

“雾霾来了”是根据日常生活中的雾霾现象生成的谈话活动。教师可以抓住这一教育契机，引导幼儿通过主题谈话了解雾霾的成因及其对我们的生活的影响。幼儿在谈话活动中已经能够完整理解他人表达的意思，知道轮流谈话，适时插话，开始有意识地运用举例、质疑等方式证明自己的观点。本活动能够促进幼儿围绕主题进行谈话、回应、质疑同伴的观点，通过初步思考提出新的观点，使谈话主题层层深入。

二、活动目标

①能够围绕话题“雾霾来了”展开谈话，积极发言，主动表达自己的想法。

②从多个角度思考问题，初步采用解释、补充等方式完善自己的表达，从

而了解雾霾天气对人的影响及保护自己的简单方法。

③听别人把话说完，养成认真倾听的文明习惯。

三、活动准备

①经验准备：收集有关雾霾天气的信息，在日常生活中渗透相关经验。

②物质准备：有关雾霾天气的图片等。

四、活动重难点

①活动重点：能够围绕“雾霾来了”的话题积极发表意见。

②活动难点：能够对同伴的观点进行补充说明，形成对雾霾天气较为全面的认识。

五、活动过程

(一)引入话题，引发幼儿思考、讨论

师：前几天我们不能开展户外活动，是什么原因呢?

师：什么是雾霾?

(二)观看有关雾霾天气的图片，引发幼儿感受并了解雾霾天气对生活的影响

师：我们来看看这些都是什么样的天气?

教师提示幼儿先听同伴讲完，再发表自己的看法。

师：雾霾天气和天气好的时候有什么不一样?你有什么感觉?

(三)推进提问，拓展幼儿的谈话内容

师：雾霾天气是怎么形成的呢?人类的哪些行为导致了雾霾天气的形成?

教师提示幼儿认真倾听别人的观点，不打断别人发言。

师：雾霾对我们的身体有害，雾霾天的时候我们该如何保护自己?

师：在雾霾天我们能做些什么事情?

幼儿自主表达自己的观点，并说明自己的理由。

(四)总结谈话内容，评价谈话表现

师：雾霾现象是人类破坏环境造成的，是可以通过保护环境、治理环境减少的。这需要我们共同努力。

师：想一想我们今天的谈话，谁不仅有自己的观点，说话完整，声音洪亮，而且特别有礼貌呢?

（案例提供：田艳）

案例 4-4　大班辩论活动：痕迹好不好

一、设计意图

幼儿园的辩论活动旨在有目的、有计划地营造有一定竞争性的语言环境，帮助幼儿围绕一个存在对立观点的话题运用一定的方法表达自己的观点，反驳对方的观点，在坚持自己观点的同时懂得倾听并尊重反对的意见。这种活动对

于培养幼儿的口头语言能力、独立思考能力和批判性思维都有深远的意义。“痕迹好不好”话题选自班级幼儿开展的主题活动“我们留下的痕迹”。幼儿在收集各种各样的痕迹内容时，收集到了贴满贴画的暖气管和被狗咬过的鞋子这样的图片。讨论这些痕迹好不好的时候，很多幼儿对这两种痕迹的看法产生了分歧。在此基础上教师决定以此为主题开展活动。这样既符合幼儿的兴趣，又能使幼儿各抒己见，以此引起幼儿热烈讨论，激发幼儿对“痕迹”这类特殊事物的深入思考。

二、活动目标

①能够大胆清晰地表述自己对于痕迹的看法，阐明自己的理由。

②尝试运用对比、假设、反问等方法反驳对方的观点，证明自己的想法。

③喜欢辩论活动，能够遵守辩论的基本规则。

三、活动准备

①经验准备：收集关于痕迹的论据。

②物质准备：有关痕迹的图片、代表正反两方的标志、记录单、画笔、白纸等。

四、活动重难点

①活动重点：能够大胆、清晰、流畅地表述自己对痕迹的看法。

②活动难点：能够尝试运用对比、反问、假设的方法反驳对方的观点，遵守辩论的基本规则。

五、活动过程

(一)引出辩题，激发幼儿的活动兴趣

教师向幼儿出示图片(有关痕迹的图片)。

师：这是谁留下的什么痕迹？是一些什么样的痕迹？

师：你们觉得这几张图片里的痕迹好不好？想不想知道别人的看法？

(二)鼓励幼儿采访他人，收集他人的意见与建议

师：请大家去其他班级进行采访，了解他人的观点并简单记录。

师：采访后请大家把他人的观点记在记录单上，开始准备辩论。

(三)自由阐述自己的观点，说明论据

师：采访了他人，那么请你们自己再认真想一想，你们觉得这些痕迹到底是好还是不好呢？想好了之后，我们要分队开始辩论！

师：现在，请两队人员轮流说说自己的观点，尽量用完整的语言来说明。如我认为痕迹好，因为……

师：你们都说出了自己的观点，表现得特别自信、大方，说得很清楚。

(四)坚持本队的观点，扩展论据

师：除了刚才说过的理由，现在有没有更多的理由来证明自己的看法？

师：现在给大家一分钟的时间和你身边的小朋友说一说，找出更多的理由。

教师鼓励幼儿相互交流，举例论证自己队的观点是正确的。

师：现在请两队再次将自己想到的理由向大家介绍。

师：看来两队的小朋友们都主动开动了脑筋，说出了更多的理由，非常棒！

(五)反驳对方的观点，寻找相关论据

师：刚才两队成员都想出了更多的理由，有的小朋友还举了例子。现在我们要进入辩论的反驳环节。每个小朋友在仔细听对方观点的时候要想一想，对方有谁说的事情你不同意，然后就请举手站起来说明。

师：在说明的时候，请说明你不同意谁的观点，为什么不同意，你觉得他说的哪些地方不对。

师：被说到的小朋友如果不同意他的看法，也可以立刻站起来并找出更多的理由来反驳对方。

教师及时依据双方辩论的状况，引发偏弱一方幼儿思考，引导幼儿持续关注对方的观点并进行反驳；或引导两队幼儿扩展思维，向对方的多种论据提出疑问，寻找更多的理由进行反驳。

(六)共同评价，梳理经验

师：刚才两队成员辩论了这么多，大家有没有发现，痕迹其实既有好的一面，也有不好的一面。当发现好的痕迹时，我们应当怎么做？当发现不好的痕迹时，我们又应当怎么做？痕迹的两面性告诉了我们什么道理？

师：最后请你们相互评一评今天的辩论活动中你最欣赏本队的谁？他哪里做得特别好？你又最欣赏对方的谁？为什么？

（案例提供：董丝爽）

案例 4-5 大班辩论活动：下雨好不好

一、设计意图

“下雨好不好”这个话题来源于班级幼儿近期的兴趣与发现。在幼儿运动会彩排时候下了一场雨，彩排活动因此受到影响。幼儿就此开始了讨论，有的幼儿认为下雨好，但也有幼儿认为下雨不好。这样辩论的话题因而自然生成了。教师在选择话题后有针对性地支持幼儿收集相关材料，组织幼儿就有争议的话题开展辩论，激发幼儿对相关事物或现象的观察、理解、深度思考与表达。

二、活动目标

①能够就下雨的话题大胆发表自己的观点，仔细倾听他人的观点。

②尝试多角度地思考，运用对比、假设、反问等方法反驳他人的观点，坚持自己的观点。

③感受辩论的竞争与有趣，做到轮流发言、举手示意、有序抢答。

三、活动准备

①经验准备：积累并收集证明自己观点的论据。

②物质准备：有关下雨的图片和白纸、彩笔、黑板等。

四、活动重难点

①活动重点：能够就下雨的话题开展辩论，倾听他人的观点，坚持自己的观点。

②活动难点：尝试多角度地思考，运用对比、假设、反问等方法反驳他人的观点。

五、活动过程

（一）引出辩题，激发幼儿的活动兴趣

教师出示生活中有关下雨的图片。

师：一起来看看这些图片，这里发生了什么事情？看了这些图片，你们觉得下雨好还是不好？

（二）引导幼儿分组，开展第一轮辩论活动

师：认为下雨好的小朋友请坐成一竖排，你们是红队；坚持认为下雨不好的小朋友请和红队面对面地坐成一竖排，你们是蓝队。

师：请两队的小朋友轮流来说一说自己的观点。你觉得下雨好不好？为什么？

教师鼓励幼儿大胆说出自己的观点并陈述理由。

（三）开展第二轮辩论活动，鼓励幼儿多角度地联系并证明自己的观点

师：现在两队有三分钟时间讨论。除了刚才你们自己说过的一条理由，你们有没有更多不一样的理由来证明下雨好或者不好？可以举一个例子来说明你们的理由。

师：两队的成员们，你们有没有想到更多不一样的理由呢？这次请举手示意再发言，本队成员说完后其他成员也可以示意进行补充。

教师仔细倾听幼儿的想法，帮助幼儿进行观点的再现与归类、总结。

师：大家都讲了这么多的理由，那有没有想改变自己的观点的小朋友呢？如果想改变自己的观点，请坐到对方的队列当中。

（四）开展第三轮辩论活动，鼓励幼儿关注对方的观点，想办法反驳对方的观点

师：刚才两队又说出了更多不一样的理由。那么，这么多的理由都是对的吗？这一次，双方可以自由发言。

师：只要你觉得对方哪个理由不对，就可以直接站起来说一说他的观点哪里不对，为什么不对。

师：大家可以仔细回忆并思考对方说出的理由，指出对方的错误。比如，如果按对方那样说的话，那么事情就会变得怎样的糟糕？对方也可以想办法证

明，如果糟糕的事情真是那样发生了，那么自己也有解决的方法。同队的成员可以相互补充。

（五）鼓励幼儿共同梳理双方的经验

师：每个小朋友都了解到了更多的下雨好或者不好的理由。请把你们说过的理由、听到的理由尽可能画出来，分别贴在两个观点的下面。

师：下雨能够带来很多的好处；但过大的雨或过多的雨也会带来很多的害处。大家了解的关于下雨的知识越多，越能明白如何预先了解，提前预防，如何尽量让雨带来好处，避免雨带来的危害。

（案例提供：董丝爽）

相关话题拓展资料

辩论活动的教学策略

辩论活动能够帮助幼儿学习如何清晰地表达自己的观点，初步习得反驳对方的观点和坚持自己的观点的方法。此过程既能培养幼儿的语言能力，也能锻炼幼儿的逻辑思维能力。下面以大班辩论活动“痕迹好不好”和“下雨好不好”为例，分析如何有效组织与实施辩论活动的教学策略。

一、支持幼儿独立思考、完整表达

为了能让幼儿感受辩论双方观点的平等性，教师应展示双方的优势与劣势，让幼儿自主选择辩论的立场。比如，在“下雨好不好”活动中，教师将有关下雨的好处和坏处的图片一一展示出来，让幼儿直观感受下雨带来的好处和坏处。

二、引导幼儿阐述观点、说明理由

确定辩论的观点后，教师需要引导幼儿完整说出自己的观点，通过自己思考出的带有内在因果逻辑的理由来支持自己的观点，鼓励幼儿尝试说出更多的理由来证明自己的观点，从而达到多角度地坚持自己的观点的目标。

三、鼓励幼儿采用多种辩论方法

辩论活动中可以采用的方法比较多，如陈述、假设、对比、反问、举例等。为了让幼儿能够运用恰当的方法进行辩论，在组织过程中教师应逐渐增强自己的引导意识。在发现幼儿使用不同的辩论方法后，教师应有意识地重点重复，加深全体幼儿的印象。此外，教师应及时对幼儿提出表扬。比如，刚才有幼儿用了对比的方法来说明自己的观点，这是有助于幼儿了解辩论方法的具体使用的。与此同时，教师还应有意识地使用激将法来支持幼儿学习并运用辩论方法。这样幼儿能够在以后的辩论活动中有意识地运用和累积各种辩论方法，极大地提升幼儿的思维能力。

四、适时提醒幼儿，保证辩论活动有序开展

辩论活动中还会随机产生一些问题，需要教师抓住辩论活动时机，及时互动。在倾听他人的观点时，教师应适时提醒幼儿思考如何反驳他人。例如，在“下雨好不好”活动中，教师可以提示幼儿仔细回忆并思考对方说出的理由，指出对方的错误。

五、适时干预，确保辩论围绕主题开展

辩论活动中可能会出现以下情况：幼儿虽然辩论得很激烈，但是辩论已经跑题了。这时需要教师发现并将辩论拉回来，保证辩论围绕主题来开展。例如，在“痕迹好不好”活动中，幼儿就“虫子吃叶子留下的咬痕”这个痕迹发生了激烈的辩论。从这个咬痕是见证虫子破茧成蝶的痕迹，到蝴蝶是很好看的昆虫，再到人们捕捉蝴蝶，虽然辩论格外激烈，但是这时辩论已经偏离了原本的主题。这就需要教师及时将这个话题进行总结，引回到辩论的主题。在这个过程中，教师需要对幼儿的辩论有足够的了解，能够及时梳理幼儿的论据，使辩论回归主题。

六、及时给予助力，注重辩论双方的平衡

在辩论活动中，教师还要关注辩论双方在语言表达能力与论据等方面的平衡。如果出现双方差距过大的情况，教师要适当地对较弱的一方加以鼓励与支持。另外，教师也要注意幼儿的参与程度。

可见，多种教育策略的应用能够推动辩论活动的有效开展，使幼儿学会独立思考、评判事物，提高自我论证及说服他人的能力。总之，我们希望探索更多有效的教育策略，踊跃尝试开展辩论活动！

第二节　讲述活动

一、基本概念

讲述活动是一种有目的、有计划地培养幼儿语言表述能力的集体教学活动。在讲述活动中，幼儿需要凭借一定的讲述对象，在相对正式的语言环境中，使用比较规范的语言，独自在集体面前表达对某人、某事、某物的认识，进行语言交流。讲述活动具有四个基本特征：①需要有一定的凭借物。讲述时幼儿要依据某些既定的讲述对象，运用语言来描述这些讲述对象；讲述对象也在一定程度上限定了幼儿的讲述范围。②运用独白语言。幼儿需要独自开展通过口语传递信息符号和思想感情的语言活动。整个讲述过程由讲述者自己控制，完全按照自己的想法表达。③有相对正式的语境。与畅所欲言的环境相比，语言使用的情境较为公开、正式与严肃。④需要调动幼儿的多种能力。讲述活动不仅能够发展幼儿的记忆力、观察能力、思维能力、想象力以及创造力，还能够促进幼儿语言运用能力的发展。[①]

依据语言表达的内容来划分，幼儿的口头语言讲述经验可以分为两类：一类为叙事性讲述的经验；另一类为说明性讲述的经验。其中，叙事性讲述是指用口头语言把人物的经历、行为或事情发生、发展、变化讲述出来，要说明人物、时间、事件、地点和事件发生的原因，并且要说明事情发生、发展的先后顺序的讲述形式。

说明性讲述也是独立讲述的一种类型。它是指讲述人用简单明了、规范准确的独白语言，说明与解释事物的形状、特征、功用或操作过程的讲述形式。这种讲述较少使用生动形象的形容词，不需要使用丰富的感情色彩，而是从客观角度表述事物的状态，交代清楚它的特点、来源或操作过程。

无论开展哪一类型的讲述活动，教师都需要寻找并确定合适的凭借物，思考凭借物呈现的数量、内容与时机，同时与幼儿进行有效的互动，发挥自身及时介入、引导与鼓励、反馈与评价等的作用，有效提升幼儿的语言表达能力。这些语言表达能力包括正确运用语言的基本成分，理解表达的规则与方法，懂得表达形式和内容一致，独立、连贯、完整、清晰、有逻辑地表达，掌握一些吸引听众的技巧，如运用表情手势、改变语气语调、使用准确用词等。

一般来说，讲述活动通常采取看图讲述、排图讲述、说明性讲述几种形式。

二、 选材要点

（一）看图讲述图片的选择要点

1. 选择具有教育意义的图片

看图讲述图片的内容必须有助于对幼儿进行一定的思想品德教育或某方面的生态教育。同时，这些内容又应接近幼儿的生活与认识水平。这样才能引起幼儿的兴趣，激发幼儿讲述的欲望。

2. 选择主题鲜明、形象突出、色彩鲜艳的图片

看图讲述图片应为讲述的内容服务，做到主题突出，情境一目了然，形象生动，背景不宜过于复杂。同时，画面上的角色不宜过多，主要人物突出，色彩鲜明协调，布局美观大方，富有感染力。

3. 选择构思巧妙、富有启发性的图片

看图讲述图片可以是单幅的，也可以是几幅构成一个情节。如果是单幅的，那么要选择画面层次清楚，每幅反映一个主旨的图片。如果是多幅的，需要选择前一幅与后一幅之间有内在联系，前一幅能够为后一幅在情节发展上提供联

---

① 张明红：《正确区分谈话活动和讲述活动》，载《幼儿教育（教育科学）》，2011(3)。

想的线索，启发幼儿思考的图片。这样能够使幼儿对图片的内在联系展开具体的想象，多幅的不宜超过五至六幅。

（二）排图讲述图片的选择要点

排图讲述是一种有别于看图讲述的活动，它更指向幼儿创造性思维的培养，是教师向幼儿提供若干单个物体的图片，或给幼儿提供带情节的单幅图片，启发幼儿根据自己的理解将上述材料组成有情节的画面，最后用完整、连贯的语言将其讲述出来的教育活动。

由于排图讲述旨在培养幼儿的创造性思维，因此排图讲述图片在时间、地点、人物、情节线索等方面都要尽可能地提供更充分的想象空间与讲述空间，避免出现幼儿在讲述时内容与情节趋同的情况。因此，排图讲述图片选择需遵循以下要点：①选择时间线索不具有前后联系的图片；②选择事件发生的地点不同的图片；③选择除主要人物外，第二角色人物不太固定的图片；④选择情节发展不具备必然联系的图片。

排图讲述的基础是“排”，但教师必须明确排图讲述一定要培养幼儿的创造性思维，强调幼儿依据个人的思考与想法自主决定每幅图的先后排序，并最终形成具有个人特点、与他人讲述内容完全不一样的排图。

（三）说明性讲述凭借物的选择要点

说明性讲述的语言讲求客观、简洁、规范、准确，同时能够做到逻辑清晰、结构合理。由于说明性讲述在语言方面与叙事性讲述有着较大的区别，因此选材时需要注意以下几点。

1. 依据幼儿的年龄特点与认知经验选择讲述内容

说明性讲述一方面需要幼儿言之有物，有话可讲；另一方面向幼儿提出了对讲述对象有一定的科学认知的要求。因此，在选择说明性讲述内容时，教师要从幼儿对事物的熟悉度与幼儿所具有的相关认知经验两个维度入手，进行定位与筛选。首先，选择幼儿熟悉的事物。这样能让幼儿印象深刻，保证讲述内容丰富。其次，确保事物涉及的认知经验是幼儿具备的。只有幼儿有了足够的认知经验与词汇的支撑，说明性讲述活动才能有效开展。

2. 依据讲述内容的语言特点提供写实性的凭借物

由于说明性讲述讲求语言客观、简洁、规范、准确，同时能够做到逻辑清晰、结构合理，因此为说明性讲述提供的凭借物也应力求真实、客观、清晰、生动。依据这些要求，为说明性讲述提供的凭借物是多样的，如图片、实物、录像、绘本、照片等。同时，这些凭借物还需遵循“写实”特点。此外，幼儿亲身参与体验的探究过程更是开展说明性讲述活动的良好途径。

三、 实施要点

（一）看图讲述活动的实施要点

1. 精心设计问题，引导幼儿理解图片内容

提问是引导幼儿看图讲述的基础。教师需要事先精心设计提问的问题，通过问题帮助幼儿理解图片内容，使幼儿能用恰当的语句进行讲述。提问分为让幼儿对画面内容进行分析的描述性提问；让幼儿对画面内容进行判别的判断性提问；让幼儿对画面内容进行联想的提问。

2. 创设良好的环境，调动幼儿的经验

在看图讲述活动中，教师要为幼儿提供轻松、和谐的环境氛围。在这种氛围中，幼儿才能将自己融入讲述内容的情境，将自己的已有经验加以运用，充分发挥想象力并进行大胆讲述。

3. 适当示范，帮助幼儿学习讲述

在看图讲述活动中，教师的示范讲述必不可少。教师的示范分为局部示范与整体示范两种。局部示范一般运用在幼儿用错词句、发错音，经启发还难以领悟的情况中。教师应当适时地给幼儿必要的示范，以便幼儿能够进行模仿式学习。整体示范是教师将讲述的内容进行完整的示范性讲述，这种示范是为了使幼儿能够更高水平地运用语言，有主题、有条理地连贯完整讲述事情。在进行示范性讲述后教师需要提醒幼儿"这是我的讲述，相信你听后能用自己的语言讲得比我还好。"教师应尽量避免束缚幼儿的思维，抑制幼儿的创造力。在幼儿讲述时，教师应逐步培养幼儿总结图片内容的能力。此外，在讲述结束时，教师可以让幼儿尝试给图片取名，培养幼儿的语言概括能力。

4. 多种形式结合，鼓励幼儿充分讲述

在看图讲述活动中，教师还可以运用集体看图、分析、理解图片后进行集体讲述的形式。此外，教师需鼓励幼儿自由组合，通过合作来完成图片的讲述。最后，教师也可以采取个人讲述的形式，鼓励幼儿根据自己的理解进行讲述，更好地发展幼儿的思维逻辑及表达能力。

（二）排图讲述活动的实施要点

1. 从创意讲述出发，感知与理解讲述对象

开展排图讲述活动的基础首先在于幼儿对故事讲述的方法能够应用得较为熟练，能够将故事的结构、要素与情节发展过程等因素渗透式地运用在自己的讲述当中。排图讲述活动也是开展看图讲述活动的进阶式活动。

在排图讲述活动中，在幼儿感知与理解讲述对象时，教师应从创意讲述的角度，引导幼儿延伸与扩展图片中没有呈现的那一部分内容或留白的内容，如图片隐藏的事情的起因、事情的结果、人物的心理活动、人物的想法等，以此来支持与鼓励幼儿创造性地说出有个性的想法。

2. 包容与鼓励，注重创意的表达

在排图讲述活动中，对幼儿创造性的鼓励是教师的第一教育目标。教师需要牢记，排图讲述活动中既没有统一与固定的排图顺序，也没有统一的故事情节或问题答案，甚至没有模式化的讲述方法与技巧，只要保证故事的逻辑是合理的即可。因此，教师要做到最大限度地包容与肯定每个幼儿想到的故事、理解其讲述的内容，鼓励幼儿将自己独立构思的故事完整地讲述出来。教师还应让幼儿明确排图讲述活动中的与众不同就是自己的独立思考与话语表达，就是在此类活动中值得肯定与鼓励的闪耀之处。

3. 评价与建议，主动发挥同伴学习的作用

在排图讲述活动中，同伴既是幼儿相互学习的榜样，也有助于幼儿主动思考并调整讲述内容、情节与方法。因此，教师需要给予隐性支持，发挥幼儿同伴互助与同伴评价的作用，以此来促进幼儿构思故事时的创造力与讲述故事时的语言表达能力的发展。

在进行排图讲述练习时，教师可以让幼儿自由分组结伴，相互商议与敲定故事情节内容，并在练习中相互倾听与补充。在进行排图讲述展示时，教师可以让幼儿相互评价本组或他组的讲述情节、讲述语言与讲述方法，提出可以共同学习的地方，找出还需进步的要点，促使同伴间、同组间达成共识，为以后的排图讲述活动提供更精准的评述标准与更高规格的讲述范本。

（三）说明性讲述活动的实施要点

幼儿说明性讲述能力的发展，有助于幼儿逻辑思维能力的发展和日后的学业表现改善。它也是幼儿园开展幼小衔接教育的重要工作内容。

幼儿的说明性讲述具有以下三条核心经验：①使用规范准确、简洁明了的说明性词句；②以独白语言的形式进行说明性讲述；③理解说明性讲述的内容组织方式。因此，有效进行说明性讲述活动的组织与实施，能够促进幼儿说明性讲述的核心经验的发展。

1. 提供真实的凭借物，助力幼儿有物可讲

说明性讲述活动的基本特征就是要有讲述的凭借物。凭借物是说明性讲述活动开展的物质保障，也是幼儿组织讲述内容与讲述思路的重要依据。因此，为幼儿提供力求真实、客观、清晰、生动的凭借物非常重要。一般来说，凭借物应能全面、真实地展示讲述的内容，更能隐性地支持幼儿有物可讲，符合幼

儿的具体形象思维特点。

2. 丰富幼儿的实践经验，支持幼儿有话可讲

说明性讲述需要幼儿对讲述对象有一定的科学认识。幼儿只有对讲述对象有一定的科学认识，才能在进一步感知、理解的基础上，独自依据主题进行构思，然后组织语言表达出来。只有幼儿具备了对讲述对象的科学认识，才可以做到有内容的讲述。

在说明性讲述活动中，这种认识可以是教师以认知铺垫的形式帮助幼儿获得的。① 因此，在说明性讲述活动前，教师要先了解幼儿对讲述对象的认识水平，然后再根据对幼儿的评价来帮助幼儿做好充分的认知准备。比如，教师可以有意识地带领幼儿在持续观察、记录饲养兔子、蝌蚪、蚕等动物后，组织相关的说明性讲述活动。只有幼儿具备了丰富的、全面的认知经验，幼儿的说明性讲述活动才能扎实开展，才能真正做到有话可讲。

3. 提出关键性问题，引发幼儿先思后讲

说明性讲述活动还渗透着对幼儿语言构思与逻辑思维能力的培养。幼儿即使已经具备了对凭借物的认知经验，也可能存在讲述随意、杂乱、无序、无重点等情况。其原因在于幼儿思考的过程是隐性的。当教师提的问题比较宽泛时，幼儿由于回答的维度较多而容易产生讲述杂乱的情况。

在说明性讲述活动中，教师可以通过向幼儿提出关键性问题来不断引导幼儿全面、有序地思考，帮助幼儿将隐性的思考过程不断显性化与外化，厘清表达的维度与思路，为讲述做好充分的内部构思。

4. 提供合理辅助支架，指导幼儿有序讲述

说明性讲述活动强调在一种相对正式的语境下，用比较严密的结构，组织、使用比较规范的语言来表达个人对事物的认识。这种语境由于在现实生活中不太经常遇到，因此更需要教师有意识地采用合理的教学策略与方法，帮助幼儿将内部构思的过程有序直观地呈现出来。比如，依据讲述的内容提供思维导图、图片提示卡、问题卡、流程图、过程记录。通过提供合理的辅助性支架，教师既可以隐性指导幼儿获得规范、有序、准确表达的观念，又可以借助外化的思维表征方式鼓励与支持幼儿将自己的思考过程进行规范、准确的表达，达到言之有序、言之有物。

5. 认真倾听、积极互动，引导幼儿规范讲述

规范、简洁、准确的说明性词句运用是开展说明性讲述活动的重要基础。教师应当认真倾听幼儿的讲述内容与讲述过程，依据幼儿的讲述行为与结果给幼儿积极适宜的反馈，帮助幼儿掌握规范讲述的方法。比如，当幼儿想不起下

---

① 王津：《幼儿说明性讲述的核心经验与教育指导策略》，载《幼儿教育》，2014(Z1)。

一步讲述步骤时，教师可以给幼儿手势、图片或语言提示；当幼儿出现用词不规范时，教师可以及时纠正并提醒幼儿；当幼儿讲述不全时，教师可以及时对幼儿追问；当幼儿讲述较好时，教师可以及时鼓励与表扬幼儿。来自教师及时与积极的互动，既能帮助幼儿在讲述中不断增强规范讲述的意识，也能为其他倾听的幼儿树立规范讲述的榜样，促进幼儿之间的同伴学习与相互学习。

6. 主动梳理、提炼总结，帮助幼儿内化经验

在说明性讲述活动中，教师还应当主动地引导幼儿进行相互的倾听与评价，采用同伴讨论与自评等方式，引导幼儿觉察、反思自己讲述的优缺点，同时发现与评价他人讲述的亮点与不足。此外，教师也应当主动从幼儿的讨论当中，引导幼儿共同归纳与梳理讲述的各种方法与注意要点，鼓励幼儿用各种方式表达出来。这样说明性讲述经验不再是囿于幼儿个人的感受与理解，而是通过教师的梳理与提炼后，成为全体幼儿能理解并达成共识的普遍性经验与有效方法，能为幼儿后续学习与实践奠定基础。

7. 注重生活环节延伸，辅助幼儿应用经验

生活才是幼儿真实与生动的教育资源。幼儿获得的说明性讲述知识与经验只有运用到实际生活中，才能有效地发挥其作用与价值。幼儿也只有在持续的应用中才能不断地成长与进步。因此，教师可以在说明性讲述活动结束后，有意识地在生活环节、区域游戏、亲子活动、户外活动等各类活动中，为幼儿创造能够渗透式培养说明性讲述能力的平台与机会，鼓励与支持幼儿主动参与，帮助幼儿在真实、生动、有效的情境中获得与巩固说明性讲述经验，从而获得可持续性的发展。

四、 教学案例

案例 4-6　小班讲述活动：好饿的小蛇

一、设计意图

本活动选用的图片节选自绘本《好饿的小蛇》。选用的图片注重以画面来突出主人公小蛇的身体和水果的形状相结合的特点，形象夸张，能引发幼儿仔细观察与联想。小蛇身体里蕴含的多种食物是幼儿日常熟悉的，如苹果、香蕉等，便于幼儿猜测理解并能较形象地讲述出来。

小班幼儿自身已经具有说出简单叠词的能力，如甜甜的、红红的等。为了激发幼儿将叠词运用到完整句的讲述当中，提升幼儿的表达能力，教师通过引导幼儿观察、推测来丰富幼儿的词汇量，同时利用设计操作环节激发幼儿的表达欲望，使幼儿的语言表达能力得到进一步提升。

二、活动目标

①能够认真观察图片，根据已有经验判断出小蛇的肚子里是什么水果。

②尝试用甜甜的、圆圆的等叠词来完整地讲述小蛇吃到的食物。

③喜欢参与讲述活动，感受叠词的魅力。

三、活动准备

①经验准备：幼儿在平时生活中知道并且会说一些叠词。

②物质准备：绘本、课件、有关小蛇和大树的图片等。

四、活动重难点

①活动重点：通过观察图片，完整使用叠词来讲述小蛇吃到的水果。

②活动难点：运用准确的叠词形容不同的水果。

五、活动过程

(一)师幼互动，导入活动

师：有一条可爱的小蛇，它特别喜欢吃水果。我们一起去看看它都吃了什么水果？是什么样子的？

(二)运用课件讲述图片内容

师：小蛇第一天吃了什么？你是从哪里看出来的？我们可以说一说“小蛇吃了一个圆圆的苹果”。苹果是什么颜色的？是什么味道的？

教师引导幼儿尝试用叠词讲述苹果。

师：小蛇第二天又吃了什么？你是从哪里看出来的？我们来说一说“小蛇吃了一根黄黄的香蕉”。香蕉是什么形状的？是什么味道的？

教师引导幼儿尝试用形容词讲述香蕉。

师：谁想用这些好听的词来说一说？我们一起来说一说。还可以怎么说？

(三)在情境中鼓励幼儿大胆讲述

师：小蛇来到大树上休息，你看小蛇吃了什么？你是怎么看出来的？你能用好听的词来说说水果吗？还可以怎样说？

幼儿说完后，相应的水果从大树上掉下，给幼儿正面的肯定激励。

师：小蛇还是没吃饱，看看它又吃了什么？你是怎么看出来的？谁能用好听的词说一说？还可以怎么样说？

(四)引导幼儿大胆讲述

师：你们也想来尝试说一说吗？桌子上有很多小蛇，你看一看它吃了什么？然后和老师或者小朋友说一说，不要忘记加一个好听的词来形容它。

（案例提供：杲娜）

案例 4-7 小班讲述活动：小猴造车

一、设计意图

本活动选用的图片来自绘本《小猴造车》。小猴造车是一个简单有趣的故事，选用图片的画面简单，色彩鲜艳，形象生动。故事的主人公——小猴形象可爱，有利于引发幼儿的学习兴趣，使幼儿愿意参与观察、讲述。选用的图片中无论双轮车、三轮车还是四轮车，都是幼儿在生活中常见的。同时选用的图片还蕴含有关事物形状、颜色以及1～4数概念的知识内容。这些都符合小班幼儿的认知特点。结合小班幼儿爱模仿的年龄特点，教师尝试让模仿成为他们的学习动机，并通过开放性的问答和追问等方式帮助他们在模仿中不失创造性，引导他们富有个性地表达。

二、活动目标

①能仔细观察画面，理解故事内容，感受与同伴一起乘车的快乐。

②大胆猜想并尝试用完整的语言讲述图片的内容。

三、活动准备

①经验准备：认识具有不同轮子的车。

②物质准备：课件、图卡、图片等。

四、活动重难点

①活动重点：能仔细观察画面，理解画面内容，并大胆讲述。

②活动难点：猜想画面中角色间的对话，并尝试用对话形式完整讲述内容。

五、活动过程

(一)出示制造单轮车的图片，以谈话导入活动

师：今天老师邀请了一只小猴子来做客。叮叮当当，你们看它在做什么呢？

(二)出示制造双轮车的图片，追问幼儿对图片内容的理解

师：小猴子造了一辆什么颜色的什么车？

师：小猴子把这辆车送给了谁？它们要跟小猴子说什么？

师：它们要骑着车去哪里呢？

教师引导幼儿大胆猜想。

教师根据幼儿说出的信息进行讲述的示范，鼓励幼儿大胆讲述。

(三)出示制造三轮车的图片，观察有关三轮车的画面

师：小猴子又造了一辆车！这次是什么颜色的什么车？

师：小猴子把这辆车送给了谁？它们要跟小猴子说什么？

师：它们要骑着车去哪里呢？

教师引导幼儿大胆猜想。

（四）出示制造四轮车的图片，观察有关四轮车的画面

师：送走了小熊、小狗、小猫，小猴子又造了一辆新的车！这是一辆什么颜色的什么车？

师：小猴子把这辆车送给了谁？它们要跟小猴子说什么？

师：它们要骑着车去哪里呢？

教师引导幼儿大胆猜想。

（五）选择单图完整讲述

教师提供 3 张图片，引导幼儿有序自主选择其中一张大胆讲述。

教师请部分幼儿上讲台来讲述分享。

（六）延伸活动

教师引导幼儿回家后把这个故事讲给爸爸妈妈听。

（案例提供：韩旭、梁超、刘韵楚）

案例 4-8 小班讲述活动：山羊水果店

一、设计意图

3～4 岁是幼儿语言发展的关键期。这个时期的幼儿能向别人表达自己的想法和要求，但表达的语句不够完整。“山羊水果店”活动借用了绘本《山羊开店》中的一些图片，呈现了小动物来店里买东西时的完整又生动的买卖者间的对话。图片的内容生动有趣，贴近幼儿的生活。活动中的对话既简单又完整，还能不断地重复，便于小班幼儿模仿与学习。

二、活动目标

①依据图片的提示，能用圆圆的、甜甜的等叠词来形容常见的水果。

②喜欢参与游戏，主动说出完整话“我想要……的水果”。

三、活动准备

①经验准备：认识生活中常见的水果，了解常见水果的特征。

②物质准备：课件、音频等。

四、活动重难点

①活动重点：能用圆圆的、甜甜的等叠词来形容常见的水果。

②活动难点：能主动并完整地表达买卖的语言“我想要……的水果”。

五、活动过程

（一）播放鞭炮声的音频，引出故事

师：听一听这是什么声音？猜猜发生什么事情了？

（二）出示小猪买西瓜的图片，理解故事中的有趣的语言

教师出示课件并讲故事，帮助幼儿感知与理解故事中的有趣的语言。

教师引导幼儿用叠词说一说不同水果的特征。

师：这是什么水果？什么颜色？什么味道？

（三）理解故事中的“我想要……的水果”的句式

师：听一听故事中的小动物说了什么话？

师：小猪买了什么样的水果？小猪是怎么说的呢？

师：小猴子买了什么样的水果？小猴子是怎么说的呢？

师：小猫买了什么样的水果？谁来学一学小猫是怎么说的？

师：小刺猬买了什么样的水果？谁来学学小刺猬是怎么说的？

（四）复述故事中的“我想要……的水果”的句式

①开展“幼儿园的水果店”的游戏，引导幼儿用叠词来形容生活中常见的水果，鼓励幼儿用“我想要……的水果”的句式来表达。

师：你想要一个什么样的水果呢？

②食物品尝游戏：利用水果列车，激发幼儿迁移经验，使幼儿主动用完整的句式进行表达。

师：你想要一个什么样的水果呢？

（案例提供：赵颖）

案例 4-9　小班讲述活动：海豚和它的朋友们

一、设计意图

幼儿对小动物有着很深的情感。对于小班幼儿来说，他们喜欢模仿动物，但较少用完整的句式来对动物的外形、特点进行较为科学与全面的讲述。根据小班幼儿的具体形象思维特点，本活动主动采用幼儿熟悉的动物照片进行提示，运用循序渐进的连环提问等帮助幼儿玩中学—看中说—想中说，从而帮助幼儿感受、熟悉和了解语言运用的规则、语言的结构，并能够根据语言的结构要求创造出新的语言内容，最终达到发展幼儿语言表达能力的目的。

二、活动目标

①能依据图片的提示，用较准确的语言讲述一种动物（海豚、老鹰、啄木鸟、蜗牛）的外形特征和简单的生活习性。

②能在集体面前独立完整地讲述。

三、活动准备

①经验准备：幼儿已有区域游戏结束后评价自己和他人作品的经验。

②物质准备：课件、图片、黑板、问题卡等。

四、活动重难点

①活动重点：能用简单清晰的语言描述图片的内容。

②活动难点：能在问题卡的提示下尝试独立完整讲述一种动物。

五、活动过程

(一)出示海豚毛绒玩具，引入活动

师：今天来到班里的小动物是谁？你喜欢海豚吗？你了解海豚吗？

(二)出示海豚的多幅图片，激发幼儿了解海豚的兴趣

1. 出示有关海豚的外形与生活环境的图片

师：它的外形是什么样的？海豚住在哪里呢？

2. 出示有关海豚的捕食与习性的图片

师：它喜欢做什么？它喜欢吃什么？它有什么本领？

在幼儿讲述时，教师对表达不流畅的幼儿适当给予帮助，用插话的方式帮助幼儿纠正或补充讲述的内容，使他们逐步学会连贯流畅地说完整句。

3. 用说明性的语言示范讲述海豚的特征及基本习性

师：海豚住在大海里，它有圆圆的大头、长长的嘴巴、身体像小桥，它喜欢在海面上跳跃，喜欢吃小鱼、小虾。

教师边讲述边把问题卡贴在黑板上。

(三)出示问题卡，鼓励幼儿模仿讲述

师：海豚向我们提了几个问题，一起来看看是什么？(海豚的外形是什么样子的？海豚生活在哪里？它喜欢吃什么食物？它有什么本领?)

师：谁能回答海豚的问题，比较完整地把自己认识的海豚说出来？

在幼儿讲述时，教师要及时提醒幼儿把没有讲述的内容补充完整。在幼儿讲述后，教师要给幼儿鼓励。

(四)出示有关老鹰的组图，引发幼儿了解老鹰的兴趣

师：海豚想请问小朋友们，图片里的这只动物是谁？它的外形是什么样子的？它生活在哪里？它喜欢吃什么食物？有什么本领？

师：谁能够把老鹰介绍给海豚和大家？

教师运用问题卡，鼓励幼儿在集体面前用比较连贯、恰当的词语讲述老鹰的外形特征、生活环境和基本习性。

(五)出示有关啄木鸟、蜗牛的组图

师：这些图片里还有谁？

师：你了解哪只小动物？你能向海豚和大家介绍这只动物吗？

(六)开展游戏“海豚吐泡泡”

师：在小朋友的介绍下，海豚认识了解了很多海洋之外的新朋友，它很开心。我们一起去和海豚做游戏吧！

(案例提供：谷馨)

案例 4-10 中班讲述活动：小蛇找妈妈

一、设计意图

“小蛇找妈妈”活动选用的图片来自绘本《小蛇找妈妈》，讲述了一条可爱的小蛇一直在自己妈妈身体上的不同部位寻找妈妈的情节，内容简单有趣。这些图片采用夸张的方式，既能充分吸引幼儿的眼球，又能引发幼儿的多种想象。

绘本《小蛇找妈妈》精心设计了四幅图片，依据故事的巧妙创意与悬念设置，使每幅图片中的小蛇可操作、可连接、可组合，有利于激发幼儿做中玩、玩中说。本活动借助图片的操作，有效培养了幼儿的观察能力与想象力，鼓励幼儿较为完整地讲出一个简短的故事。

二、活动目标

①能仔细观察小蛇的表情及场景，根据图片提供的线索进行合理的想象。

②能根据出示的图片顺序，尝试用完整的语言讲述图片的内容。

③理解小蛇的心情变化，感受故事结尾的温馨。

三、活动准备

①经验准备：幼儿对蛇的外形特征有一定的了解。

②物质准备：故事挂图、讲述图片等。

四、活动重难点

①活动重点：观察小蛇周围环境的不同，根据线索展开合理的想象并讲述图片的内容。

②活动难点：能较完整地讲述四幅图片的内容，讲述中有对环境的理解与想象。

五、活动过程

(一)出示小蛇的图片，情境导入

师：看看谁来了？这条小蛇是什么样子的？

师：小蛇怎么了？它为什么会哭？找不到妈妈了，它会去做什么？

(二)出示第1张图片，操作小蛇，引导幼儿观察图片中的场景并示范性讲述

师：小蛇来到了哪里？这还可能会是哪里？它会到这里做什么？

师：小蛇在妈妈怀里睡了一大觉，醒来一看，妈妈不见了！小蛇好着急啊，它来到了草地上(城市里、游乐场里)，东张张、西望望，想去找到妈妈。

(三)出示第2张图片，引导幼儿仔细观察场景的特点并尝试单图讲述

师：小蛇来到了什么地方？什么地方会是拱形的？还可能会是哪里？

师：小蛇找到妈妈了吗？没找到时，它心里会怎么想？它会怎么说？

师：谁愿意讲讲这张图片中的故事？在你的故事里小蛇去哪里找妈妈了？

师：我们一起试着把这两幅图连在一块来完整地讲一讲。

（四）出示第 3 张图片，引导幼儿观察图片中的场景，鼓励幼儿连续讲述

师：小蛇这次又到哪里了？这可能是哪里？还可能会是哪里？

师：小蛇是怎么找妈妈的？它会怎么想、怎么说？没找到时的心情怎么样？

师：谁愿意把这张图片的内容讲讲？还有不一样的故事吗？

师：谁愿意来完整地讲讲这 3 张图片的内容？

教师鼓励幼儿完整讲述。

（五）出示第 4 张图片，引导幼儿仔细观察，感受故事结尾带来的乐趣

师：你们猜猜小蛇找到妈妈了吗？你们是怎么看出来的？

师：小蛇在哪里找到妈妈了？找到妈妈后，它会和妈妈说些什么？做什么？

师：你们发现了吗？小蛇一直是在哪里找妈妈的？它走过了那么多环形的、拱桥的、有楼梯的地方，其实都是在哪里呢？

师：蛇妈妈看见小蛇一直在自己的身上找妈妈，蛇妈妈会怎么说呢？

（六）发放讲述图片，鼓励幼儿两人一组合作完整讲述并展示

师：哪组愿意上来分享你们的故事？他们的故事哪里讲得特别好？

师：谁的故事和他们讲的不一样？我们一起来分享。

（七）讨论故事，自然结束

师：你觉得这是一条什么样的小蛇？你喜欢故事里的谁？你想对蛇妈妈或小蛇说什么呢？蛇妈妈一直陪在它的身边，就像我们的妈妈一样。请你把今天学到的这个故事也讲给自己的妈妈听吧！

（案例提供：王晓岚、刘森）

案例 4-11　中班讲述活动：海底大冒险

一、设计意图

教师自制的图片《海底大冒险》讲述了在海底生活着许多小鱼，突然来了大鲨鱼，小鱼凭借自己的本领躲避大鲨鱼的故事。图片中的鱼类形象生动，特点鲜明，适合中班幼儿认识与理解；图片中呈现的地点、角色、事件清晰，有利于中班幼儿进行推理与联想，并将自己的推理讲述出来。

中班幼儿在集体面前进行看图讲述时，能用较完整的语言清楚地讲述事件的起因、经过、结果。但他们对于图片中的一些细节的描述，如角色的动作、心理活动等部分，还是较为缺乏。图片《海底大冒险》中大鲨鱼的突然到来，使小鱼们的表情、动作、心情有了变化。这使教师能够利用悬念与情节推动幼儿仔细观察图片中各类小鱼的表情与动作，并尝试较为完整与生动地讲述，提高幼儿的叙事讲述能力。

二、活动目标

①能仔细观察图片中小鱼们的表情与动作，推测角色的心理活动。

②能完整讲述图片的内容，讲述时能加入对小鱼心理活动的描述。

③感受小鱼智斗大鲨鱼的成功与快乐。

三、活动准备

①经验准备：了解特征明显的小鱼自我保护的方法。

②物质准备：海底背景图、心情标志图等。

四、活动重难点

①活动重点：根据图片细节讲述小鱼的心理和行为。

②活动难点：讲述时加入表情、动作，大胆讲述。

五、活动过程

(一)出示海底背景图，请幼儿观察并讲述故事发生的地点

师：这是哪里？谁会住在这里？

(二)出示图片，引导幼儿观察，鼓励幼儿大胆讲述图片内容

1. 出示小鱼们嬉戏的图片，请幼儿观察小鱼们的表情、动作，推测小鱼们的心情

师：谁来了？它们正在做什么？还可能做什么？它们的心情是什么样的？

师：这个红色桃心表示小鱼们的心情，你们觉得它们现在的心情怎么样？

教师示范性地讲述图片内容，并有意识地加入对不同小鱼心情的描述。

2. 出示大鲨鱼来了的图片，继续引导幼儿仔细观察图片

师：这时谁来了？它想做什么？它的表情是什么样的？它会怎么想、怎么做？还可能会怎么做？

师：小鱼们看见大鲨鱼来了，它们的心情是什么样的？它们会怎么想、怎么做？

教师鼓励幼儿将大鲨鱼来了的图片讲述完整，并有意识地出示心情标志图；提示幼儿将大鲨鱼与小鱼们的心情结合到讲述当中；再鼓励幼儿尝试将小鱼们嬉戏和大鲨鱼来了两张图片连续起来讲述。

3. 出示躲避大鲨鱼的图片，请幼儿自主观察图片，尝试讲述图片内容

师：小鱼们分别做了什么来躲避大鲨鱼？它们现在会是什么样的心情？

教师鼓励幼儿完整讲述出示过的3张图片，运用心情标志图及时提醒幼儿将角色的典型动作与各自的心情结合到讲述当中，并进行反馈与点评。

4. 出示海底恢复平静的图片，请幼儿观察图片，猜测故事情节

师：小鱼们被大鲨鱼吃掉了吗？谁来仔细看图讲一讲呢？

(三)引导幼儿结伴讲述图片内容，鼓励幼儿自主讲述

师：你可以找你的好朋友相互讲一讲这个故事，看一看谁的故事讲得特别有趣和生动。比一比，看看谁听得特别仔细！

(四)引导幼儿分享故事

师：你们喜欢谁讲的故事？哪里讲得好？想不想听一听老师编的故事呢？

(五)鼓励幼儿为故事起名字

师：你们讲的这个故事可以叫什么名字呢？大家一起来看一看起的哪些名字合适。

（案例提供：赵颖）

案例 4-12 中班讲述活动：小刺猬的气球

一、设计意图

本活动选用的图片来自绘本《生日气球》，画面色调浓郁，人物形象、情节突出，很适合故事讲述。在中班，幼儿喜欢看图讲述活动，能仔细观察图片内容，能通过图片顺序推测故事情节，能使用较适宜的词语修饰语言，但在讲述中缺乏对角色的心理活动及对话进行详细的讲述。本活动可调动幼儿的已有知识经验，使幼儿初步学会观察图片内容，推理故事情节，猜测小动物之间的对话，尝试将角色间的对话运用在故事情节中并能用语言完整讲述出来。

二、活动目标

①根据图片的内容与线索，用较清晰的语言完整地讲述故事。

②猜测动物间的对话，尝试将角色间的对话运用在故事情节的讲述中。

③能初步评价讲述内容的好坏。

三、活动准备

①经验准备：幼儿有看图讲述经验。

②物质准备：图片、课件、轻音乐音频等。

四、活动重难点

①活动重点：能根据画面线索较完整地讲述故事情节。

②活动难点：猜测小动物之间的语言，将角色间的对话运用在故事情节的讲述中。

五、活动过程

(一)出示图片，引导幼儿观察，鼓励幼儿大胆讲述单图内容

1. 出示有关袋鼠在卖气球的图片与对话框，请幼儿观察图片内容

师：这是哪里呢？画面上有谁？它正在做什么？还可能做什么？这时谁来了？

师：这个对话框表示小刺猬想和袋鼠对话，你们觉得它们会说些什么？

2. 出示有关小刺猬买了气球的图片，继续引导幼儿仔细观察图片

师：小刺猬拿走气球了吗？它的心情怎么样？袋鼠在担心什么？袋鼠又会对小刺猬说些什么？

教师鼓励幼儿尝试将第 1、第 2 张图片连续起来讲述。

师：谁讲得较好？小动物间的对话是什么？哪些词语用得比较好？

3. 出示有关气球爆炸的图片，请幼儿自主观察图片，尝试讲述图片内容

师：这张图片中发生了什么事情？袋鼠会对小刺猬说些什么？小动物们又会怎么做呢？

4. 出示有关开心的小刺猬的图片，请幼儿观察图片，猜测故事情节

师：最后小刺猬的问题是怎么解决的？谁能够仔细地讲出来？

(二)发给幼儿讲述的图片，鼓励幼儿自主讲述

师：你愿意找谁做你的好朋友，相互讲一讲这个故事。看一看谁讲的故事特别好？看一看谁能听得特别仔细？

(三)引导幼儿分享故事

师：你们喜欢谁讲的故事？他们的故事里哪些地方讲得很好？想不想听一听老师编的故事呢？

教师鼓励幼儿针对教师的讲述进行评价。

(四)鼓励幼儿为故事起名字

师：你们想为这个故事起个什么名字呢？回去把这个故事讲给爸爸妈妈听好吗？

（案例提供：赵颖）

案例 4-13　中班讲述活动：有趣的故事

一、设计意图

中班幼儿在讲述故事时能较为连贯地表达故事内容，但对画面细节的观察较为粗浅，对人物的对话与心理进行讲述的意识较为欠缺。为了鼓励幼儿较为生动且有创意地讲述故事，本活动支持幼儿尝试自主选择故事的人物、地点、情节等要素，再动手组合拼图并讲述；同时以添画浮云的方式来促进幼儿对故事人物对话与心理活动的讲述，从而鼓励幼儿创造出属于自己的个性化故事。这对幼儿的想象力、创造力、语言表达能力的培养具有较大的促进作用。

二、活动目标

①能够依据故事讲述的四要素自主选择图片并粘贴，创编故事情节。

②在描述所编故事内容的过程中，较细致地讲述故事角色的对话与心理活动。

③充分发挥想象力，喜欢与同伴分享自己的故事。

三、活动准备

①经验准备：幼儿已有排图讲述的经验，理解故事四要素的作用。

②物质准备：课件、编故事所需的材料、图片等。

四、活动重难点

①活动重点：创编故事，尝试描述所编故事的主要内容。

②活动难点：通过添画浮云的方式，讲述所编故事的角色对话。

五、活动过程

(一)引入活动

师：小朋友们都会讲故事吗？今天想请小朋友们一起来编故事。里面的人物、时间、地点和事情发生的经过都是需要我们动脑筋来编的！

(二)依次出示故事图片

师：老师给小朋友们准备了编故事所需的材料，首先看看这类图片里面都有谁？他们是哪个故事里面的人物？你觉得他们可能会发生什么故事呢？

师：接下来的这类图片是什么？你可以给你故事中的主人公在这类图片中选一个适合的故事发生的地点，选哪里好呢？为什么要选在这里？

师：最后，你想给你的主人公找谁当小伙伴呢？他们之间可能会发生什么有趣的事呢？

教师尝试请幼儿讲述拼图的简单故事构思。

(三)请幼儿自主拼贴图片，创编并讲述自编故事内容

1. 出示材料，请幼儿尝试讲述所选材料的故事开始部分

师：谁愿意试一试，如何在每类图片中选出一张进行拼贴？在这张图片中大家把兔子、萝卜摆放在了草地上，那兔子想去哪里呢？它想去做什么呢？谁能试着编一编故事开始部分？

2. 根据故事情节，增加浮云对话，创编故事的具体情节

师：兔子看见胡萝卜的时候会说什么呢？还可能会怎么想呢？怎么把它的想法记录下来呢？

师：你们看看我想的这个办法可以吗？一起添些有趣的东西，可以让我们的故事更有意思。

3. 依据幼儿的想法示范性地讲述所编的故事，注意讲述人物的对话与心理活动

师：刚刚老师是怎么讲完这个故事的？我都做了什么？

教师先摆放所选图片，然后画出所选人物在做什么，最后添画浮云，将对话内容画在浮云中，完成故事图片拼贴。

师：你们觉得这样讲故事有意思吗？想不想每个人都编一个？

(四)提出操作要求，鼓励幼儿自主选择材料拼贴图片与添画讲述

师：大家拿到图片后可以选择自己喜欢的人物与地点进行拼贴与添画，创作自己的故事情节。要注意结合角色的对话和心理活动进行添画。

(五)请幼儿相互分享自己的故事

师：你的故事叫什么名字？你的故事与别人的有什么不同？

师：你喜欢刚才小朋友讲的故事吗？你喜欢故事中的哪部分？在你的故事

里面，人物的对话与心理活动有哪些？我们一起来听听！

师：今天每个人都用拼贴的方式讲了一个有意思的故事，你还能拼出不一样的故事吗？

（案例提供：梁超）

案例 4-14　大班看图讲述活动：西瓜船

一、设计意图

《西瓜船》是一个比较经典的看图讲述绘本，画面色彩鲜艳，内容情节起伏有趣，且贴近幼儿的生活经验，容易引发幼儿的兴趣。4 张图片之间联系紧密，动物角色的表情丰富，有利于幼儿的思考、想象与创编、讲述。大班幼儿已有一定的观察图片能力，能够关注角色的表情，感受角色的心情，通过连续观察画面，思考前后画面之间的潜在关系，喜欢角色扮演时相互之间的对话，并能用完整、连贯的语言进行讲述。基于此，我们设计了本活动。

二、活动目标

①能仔细观察图片中角色的表情、动作，根据图片提供的线索展开合理的想象，并进行讲述。

②能用连贯的语句合理讲述图片之间的关联。

③体验看图讲述不一样的故事的乐趣，喜欢创编故事中的角色对话。

三、活动准备

①经验准备：幼儿有一定的观察图片和完整讲述的能力。

②物质准备：黑板、对话符号、图片等。

四、活动重难点

①活动重点：能够用连贯的语句合理讲述图片之间的关联，形成完整有趣的故事。

②活动难点：能够大胆想象、猜测并讲述图片中角色间的有趣对话。

五、活动过程

(一)谜语导入活动

师：老师给小朋友带来一个谜语，猜一猜这是什么？

谜语：穿的衣裳是绿的，破开肚来是红的，吃进嘴里是甜的，吐出籽来是黑的。

师：西瓜除了可以吃，还可以做成什么呢？我们来看一看，两只小老鼠用西瓜做了什么呢？

(二)依次出示小老鼠奇奇和聪聪坐西瓜船与奇奇掉到河里的图片，观察分析图片内容

师：图片上都有谁？它们在做什么？它们的表情是什么样的？

师：这两张图片中发生了什么事？你觉得奇奇和聪聪会说些什么？（出示对

话符号）请小朋友们猜猜看，奇奇得救了吗？

师：你能试着把两张图片连在一起讲一讲吗？

教师引导幼儿讲述两张图片之间的关联。

师：（出示三只青蛙来帮忙的图片）这张图片中发生了什么？奇奇得救了吗？你认为是谁救了它？是从哪里发现的？你觉得接下来会发生什么事？

师：小青蛙在什么地方？它为什么会在西瓜船里？最后，它们会说些什么呢？（出示对话符号）

师：你能试着把这四张图片连起来讲述一个完整的故事吗？

（三）引导幼儿分组合作看图讲述，巡回指导

师：四个小朋友进行分工合作。把四张图片连起来，讲述一个完整的故事，保证图片之间有联系，并给你们的故事取个合适的名字。

教师引导幼儿分组合作讲述。

（四）引导幼儿进行讲故事展示

师：你喜欢他们讲的故事吗？哪里讲得好？

教师引导幼儿从讲述的声音、语气、对话、词汇运用以及同伴合作讲述等方面进行评价。

（五）延伸活动

师：今天小朋友一起讲了《西瓜船》的故事，你们喜欢故事里的谁？为什么？

教师引导幼儿认识到在别人遇到困难时要主动提供帮助。

（案例提供：齐春婷）

案例 4-15　大班讲述活动：等明天

一、设计意图

大班幼儿积累了一定的生活经验，具备较强的语言表达能力，有着强烈的好奇心和求知欲，思维也非常积极活跃。本活动选用了绘本《等明天》的四张图片，图片内容清晰、画风简洁，较为适宜进行排图讲述活动。四张图片中的主角虽然都是小猴子，但是每幅图片围绕着小猴子的不同行为与不同表情描述事件。同时每张图片描述的事件之间并不存在必然联系，对于大班幼儿来说，既比较容易观察，也有利于想象与创编。在活动中，教师的主要作用就是引导幼儿发挥想象力，按照自己的构思将四张图片进行排序，再用连贯的语言、丰富的词汇讲述一个完整的故事。

二、活动目标

①能仔细观察小猴子的不同行为与表情，主动思考，大胆进行排图。

②能按所排图片的顺序，完整清晰、逻辑合理地讲述一个故事。

③喜欢排图讲述活动，感受排图讲述的魅力。

三、活动准备

①经验准备：幼儿能够较完整地讲述单张图片的内容。

②物质准备：图片、白板、排图板、数字卡片等。

四、活动重难点

①活动重点：大胆想象，能根据图片内容有创意地排图。

②活动难点：相互讨论，按所排图片的顺序完整、清晰、逻辑合理地讲述故事。

五、活动过程

（一）出示图片，导入活动，激发幼儿观图的兴趣

师：今天我们班来了一个小猴子，看看它给我们带来了什么？

（二）出示图片，引导幼儿理解排图讲述

师：（出示有关小猴子和其他动物、小猴子睡觉、小猴子画画、下雨了的图片）这四张图片很神奇，随意将它们进行排列，都可以讲出一个有趣的、不一样的故事。你们想不想来挑战一下？

师：在这四张图片中你对哪张图片最感兴趣？图片中的小猴子在做什么？它是什么样的表情？为什么会这样呢？它还可能会去做什么呢？能把你看到的内容完整地讲给我们听吗？

（三）出示前两张图片，引导幼儿尝试对这两张图片进行排序并讲述内容

师：这两张图片中，你想把哪张排在第一，把哪张排在第二呢？你的故事开头是什么样的？后来怎么样了？

师：谁有不一样的排法或者不一样的故事内容？说说你的故事是怎么开始的？教师鼓励幼儿尝试任意排图并讲述，着重强调用不一样的图片顺序讲出不同的故事。

（四）出示完整排图示意图，引导幼儿完整排图并讲述故事梗概

师：这次请大家将四张图片按自己的想法进行排序，并把你的故事简单讲给大家听。谁愿意试一试？

师：谁有不一样的排图的方法，你的故事是什么样的呢？大家一起来分享。

（五）分组共同合作排图与练习讲述

师：看来不一样的排图顺序就能够编出不一样的故事；即使一样的排图顺序也能编出不一样的故事。这次请你们两人或四人合作，分组讨论并对图片排序，再和我们分享你们编出来的故事。

师：看看哪个小组编的故事有创意？哪个小组讲的故事生动有趣？

（六）分组展示排图顺序与讲述故事

师：他们组排的顺序和你们一样吗？你喜欢他们组编的故事吗？喜欢哪个情节？为什么？

师：还有哪个组有不一样的排图顺序？你们的故事是什么呢？

师：你喜欢他们组讲的故事吗？哪里讲得好呢？为什么？什么地方值得我们学习？

总结：编故事时要注意依据排图顺序大胆想象、合理创编；讲故事时注意讲述的语气、动作、运用的词语、故事的连贯及幼儿之间的配合。

（七）鼓励幼儿分组为自己的故事起名字

师：你们每个组创编的故事一样吗？你想给你的故事起个什么名字呢？

（案例提供：王晓岚）

案例 4-16　大班讲述活动：葫芦娃

一、设计意图

动画片是幼儿生活中的好伙伴。幼儿不但喜欢看，而且喜欢模仿动画片中的人物的一言一行。《纲要》强调："善于发现幼儿感兴趣的事物、游戏和偶发事件中所隐含的教育价值，把握时机，积极引导。"根据幼儿的兴趣和语言发展特点，我们选择了幼儿较熟悉的动画片《葫芦娃》中的片段，设计了为葫芦娃配音的活动。我们引导幼儿在欣赏、感受、模仿的过程中，尝试用不同语气、语调来为蛇精、葫芦娃和爷爷配音，通过对不同人物特点的理解提高创造性运用语言的能力，感受语言艺术的魅力，获得愉快的配音体验。

二、活动目标

①观看无声动画片，理解动画内容，尝试用符合角色的语言为动画片配音。

②能够用恰当的词语、语速、语气来刻画不同的人物形象。

③在小组活动中大胆展示，感受配音活动的乐趣。

三、活动准备

①经验准备：幼儿已熟悉动画片《葫芦娃》的基本情节。

②物质准备：动画片《葫芦娃》的无声片段、话筒等。

四、活动重难点

①活动重点：理解动画表达的内容，尝试用符合角色的语言配音。

②活动难点：能够认真分析角色，用恰当的词语、语速、语气来刻画人物；小组分工合作，大胆展示。

五、活动过程

（一）谈话导入

师：你们玩过配音游戏吗？什么是配音？

师：今天我们来玩一个配音的游戏。仔细观察，动画片里都有谁？猜一猜发生了什么事情？

（二）引导幼儿初次尝试为无声片段配音

1. 引导幼儿观看无声片段，讨论故事情节

师：这是什么动画片？里面都有谁？发生了什么事情？你觉得他们说了什么？

师：如果我们来为他们配音，你觉得应该注意什么？

教师依据幼儿的回答，进行梳理并适当给予补充。

2. 引导幼儿分组，第一次尝试配音

师：我们需要几人一组？你想和谁成为一组？你想扮演什么角色？请你们自由分组进行尝试，一会儿来进行展示。

3. 展示第一次配音的效果，引导幼儿讨论

师：刚刚小组的配音怎么样？哪里配得好？为什么？

师：你们觉得他们组在哪些方面还需要调整，这样配音效果就会更好？

师：你们配完音后有什么感觉？你们觉得自己在哪方面需要调整？你们对其他组有什么好的建议？

师：小组成员之间要相互配合；配音要适时；要根据情境和角色的特点配音；配音的角色不同，说话的语气、音调、语速也不同。

（三）引导幼儿再次进行合作配音

师：如果我们再来练习一次，大家觉得自己还应该注意哪些方面？大家再次练好后，比一比看看哪一组的配音效果更好？

（四）鼓励幼儿分组展示

师：请你们说一说，他们组的配音效果怎么样？哪里值得我们学习？

师：这次配音和你们上次相比有进步吗？进步在哪里？

师：每组通过两次的尝试不断修正，让配音的效果越来越好。所以，做什么事都要勇于尝试、敢于展示。只有在尝试中才能发现不足，通过不断调整才会取得成功。

（五）延伸活动

幼儿欣赏教师的配音。

（案例提供：姜山）

案例 4-17　大班讲述活动：三打白骨精

一、设计意图

《三打白骨精》是幼儿非常熟悉的经典动画片《西游记》中的片段。这一片段的故事性强，情节生动有趣，而且人物形象、说话方式对比鲜明，很适合开展配音活动。《三打白骨精》这一片段很符合大班幼儿喜欢探索、大胆尝试以及合作学习的年龄特点。为此，我们特意以此为内容开展大班配音活动，以帮助幼儿在欣赏、感受、模仿的过程中尝试用恰当的词语、语速、语气、音色为动画

片中的人物配音，在感受到配音活动的乐趣、语言艺术的魅力的同时，提升幼儿的语言表达能力。

二、活动目标

①根据画面内容，尝试用恰当的词语、语速、语气为动画片中的人物配音。

②能够大胆想象人物特点、表述人物语言，并在集体面前展示。

③学习与同伴合作，共同完成配音，感受配音的乐趣。

三、活动准备

①经验准备：幼儿已了解《三打白骨精》的故事情节。

②物质准备：《三打白骨精》视频片段(有声和无声)、话筒、平板电脑等。

四、活动重难点

①活动重点：了解配音的基本要求，能够根据画面为动画片配音。

②活动难点：能够相互合作，运用恰当的词语、语速、语气为角色配音。

五、活动过程

(一)以谈话活动导入

师：你们看过三打白骨精吗？里面都有谁？发生了什么事情呢？

(二)欣赏无声动画片，引出配音的主题

师：这个片段和我们平时看的动画片有什么不一样？

师：动画片里面说了一件什么事情？你看到了什么？

师：一起玩一个好玩的配音游戏吧！请你们一边欣赏一边思考，配音是怎么完成的？怎样才能成功？

(三)示范为无声动画片配音，引导幼儿了解配音的要求

师：你们喜欢他们谁配的音？哪里配得好？

师：你们觉得配音时都需要注意什么？

师：在配音的过程中，声音要洪亮，要注意不同人物说话的语气、语速；要集中注意力，找准说话的时机。这些都是配音需要注意的地方。

(四)观看有声动画片，分析画面内容

师：动画片里发生了什么？他们说了些什么？应该用怎样的语气和语速？

师：如果你是孙悟空，你应该怎样说话才像？白骨精变成的小姑娘，在说话的时候应该注意什么？

(五)鼓励幼儿说一说、学一学

1. 欣赏有声动画片，练习配音

师：你们可以选择喜欢的人物配音，跟着平板电脑里的有声动画片，分组练习。

师：看看每个角色都说了些什么？用了怎样的语气和语速？

2. 欣赏无声动画片，尝试为动画片配音

师：跟着有声动画片练习好之后，可以用无声动画片尝试进行配音。

（六）分组展示配音成果，引导幼儿观看并相互汲取经验

师：哪一组小朋友来展示你们的配音成果呢？配音之前，请先介绍一下是给谁配的音。

师：你们觉得这一组的配音怎么样？哪里配得好？

师：你们有什么改进的意见吗？

（七）活动结束

师：好玩的配音游戏结束了！正是因为有了配音员，动画片才变得更加生动、有趣，期待着你们下次的精彩展示！

（案例提供：许颖）

相关话题拓展资料

在讲述活动中运用提问促进幼儿观察、思考与讲述

在看图讲述活动中，教师运用递进式提问与幼儿开展互动，能够帮助幼儿形成对讲述的基本认识，能促进幼儿进行开放式的思考，同时为幼儿的表达提供充分的想象空间。我们以“小猴造车”活动为例阐述如何在师幼互动中运用关键性提问。

一、提出直观性问题

我们以“小猴造车”活动的第一张图片为例。针对这张图片，教师提出的直观性问题包括：①他是谁？②他在做什么？③车子有几个轮子？④做好的车子被谁买走了？这些问题的答案很明显地呈现在画面之中。幼儿回答这些问题后，能够马上就明确图片中的主人公、发生的事情以及基本的故事情节。在回答问题时，幼儿会针对教师的提问，着重观察提问点，依据提问点开始观察，尝试思考故事情节。这种提问能够帮助幼儿完成对画面的观察与表达，推断并讲述出故事的内容梗概。

二、提出思考性问题

思考性问题是指教师提出的图片上观察不到，但可以通过思考、推测图片线索，从而促进幼儿思考的问题。比如，人物的心理活动或事情发展的后果能给幼儿诸多思考问题的角度的提示，也能引发幼儿运用不同词语表达。

在幼儿能回答直观性问题的基础上，我们增加问题的难度，提出思考性问题。比如，小猴造好自行车后，还会造什么？会有几个轮子？哪些动物会来买？这些问题指向的都是图片上未出现的情节，也是鼓励幼儿通过思考大胆推测、猜想，鼓励幼儿自主进行创造性讲述的问题。所以，教师要仔细挖掘教学材料中可延伸的各种问题，利用提问的巧妙设计，促进幼儿进行个性化的、有创造性的讲述。

三、巧妙把握提问时机

其实，不只提的问题要有针对性与层次性，提问的时机也需要教师及时观

察与把握。比如，大部分直观性问题提出的时间点都在出示图片之后，但偶尔有一些能够激发幼儿好奇心的问题，是需要教师在出示图片之前就进行提问的。这一方式能够帮助幼儿在没有看到图片前就对图片产生兴趣，也能够帮助幼儿有目的地观察。此外，引发幼儿猜想的问题也可以在图片出示之前提出，以更好地促进幼儿猜想并推导出故事情节。接下来采用出示图片的方式能够让幼儿根据图片线索进行验证，体验语言活动的趣味性。

四、引导幼儿参与讲述并及时应答

为提高幼儿参与的积极性，教师还可根据教学内容精心安排教学形式，有意识地创设条件，使幼儿不自觉地进入讲述的氛围。比如，在小班教学活动开展时，教师运用魔法棒的形式，鼓励幼儿说出完整并具有创意的句子，并将这些句子分享给其他幼儿。这个方法非常有效，一下就吸引了幼儿的兴趣，幼儿纷纷举手来参与讲述。

第三节 故事活动

一、 基本概念

文学是用文字这种语言的方式来塑造形象并反映社会生活的一种语言艺术，是文化中极具感染力的重要组成部分。对于幼儿来说，幼儿经常把周围环境看作有生命、有联系、有故事的世界，这与幼儿文学作品的语言表达方式、表达内容、表达情感等都不谋而合。文学作品为幼儿创设了一个有趣的、可以充分想象的世界。幼儿通过接触它们，不仅充分地认识了世界，而且获得了大量的语言信息和语言学习的要素。

故事是幼儿较为喜爱的一种文学形式。故事的种类有很多，有童话故事、神话故事、寓言故事、民间故事、知识故事、英雄故事等。故事为幼儿提供了丰富的语言材料，为幼儿打开了认识世界的另一扇窗。开展故事活动，能够促进幼儿语言表达能力与认知能力的发展。

在语言方面，幼儿的倾听能力与表达能力都能在听故事的过程中获得锻炼；幼儿还能在欣赏与复述故事中学习各种优美的词句，发展表达能力。在认知方面，故事能促进幼儿打开记忆宝库，从多种类的故事中积累丰富的“养料”，并从中吸收丰富的词汇与文学语言，理解故事叙述的规则与方法，获得相应的表达能力，提升表达的自信心。此外，故事还具有提升幼儿的知识水平，发展幼儿的理解能力、记忆力与想象力，培养幼儿审美能力的作用。

面向 3～6 岁幼儿开展的故事活动，不只是教师把故事的内容讲给幼儿的过程，还是教师将故事的内容、语言、情感与内涵价值等有效传递给幼儿的一种双主体共听、共学、共研的过程，使幼儿对故事的语言感受理解能力更强、对故事的内涵思考更深、对故事的情感体验更浓，从而获得全方位的发展。一般来说，故事活动通常采取欣赏故事、表演故事、创编故事和复述故事等不同形式来开展。

二、 选材要点

（一）结合幼儿的年龄特点及发展水平选择故事

幼儿年龄不同，在理解水平与接受能力方面会存在一定的差别。教师要细心观察并了解幼儿，根据幼儿的实际发展水平选择适宜的故事来开展教学活动。

由于小班幼儿的理解能力较弱，教师可以选择篇幅较短、内容简单、贴近生活、主题单一明确、情节反复有趣的故事题材，易于他们理解和积极参与。由于中班幼儿处于社会性发展的关键期，教师可以依据他们日常出现的交往问题和现象选择相应的故事，向他们传递解决问题的正确方法，改变他们的原有思维，促进他们的社会性发展。由于大班幼儿的理解能力逐渐增强，教师可以选择篇幅较长、情节跌宕起伏、具有人物心理或情感变化且蕴含深刻主题的故事。

（二）结合幼儿的生活环境与现实社会情况选择故事

由于幼儿年龄较小，缺乏丰富的生活经验，因此教师需要通过选择适宜的故事开展教学活动，帮助幼儿适应社会，丰富幼儿的认知经验，如针对雾霾天气的出现为幼儿选择相关的故事。

（三）结合季节和节日选择适宜的故事

在生活中，有关季节和节日的故事是比较常见的。教师结合不同的季节特征和节日的传统习俗开展的故事活动，是容易被幼儿接受和理解的，如“雪孩子”“年的故事”“十二生肖的故事”等活动。这样更利于幼儿从故事中了解季节特征、节日来历、民俗习惯等。

三、 实施要点

（一）贯穿提问策略， 由浅入深地逐渐理解故事内涵

提问策略是故事活动中运用的典型策略。当然提问包含很多角度，可以针

对不同内容来开展。例如，对故事的基本内容进行提问："故事里有谁？在哪里？发生了什么事？最后怎样了？"对故事的关键细节进行提问："小兔在遇到大熊时说了什么？是怎么说的？"对情感的识别与匹配的提问："它当时的心情是怎样的？你是从哪里听出来的？"对故事主题的提问："这个故事让我们知道了什么道理？"对生活情境与故事情节进行对比思考的提问："在我们的生活中你有没有遇到过这样的事情？假如是你，你会怎样做？"

（二）利用图片辅助策略，帮助幼儿理顺故事情节

图片辅助策略是教师通过图片的呈现，帮助幼儿理解故事内容，理顺故事发展情节的一种策略。教师可以截取故事的几个关键情节，用图片呈现出来，以帮助幼儿理解故事大意。需要注意的是，呈现的图片数量不宜过多，能够表现关键情节即可。

（三）运用情节表演策略，支持幼儿演绎故事角色

在帮助幼儿体会故事中不同角色的感受时，教师可以让幼儿选择角色进行模拟表演，从而体会角色的感受，感知故事的主题意义。当然，大家可以一起模仿表演一个表情或一句话，形式可以根据故事内容而定。

四、教学案例

案例 4-18 小班故事活动：香香的被子

一、设计意图

对于小班幼儿来说，他们喜欢听简短有趣的故事，愿意复述里面重复的语句，感受故事的生动有趣。《香香的被子》就是这样一个非常符合小班幼儿欣赏的故事。故事中一共出现了 5 个幼儿日常熟悉的小动物，它们的被子的形状也是小班幼儿容易理解并掌握的图形：方形、圆形、三角形以及心形。这个故事内容简短，轻松有趣。以此故事为题材开展教学活动，能够帮助幼儿更好地理解故事情节，学习并复述故事中的语言，让幼儿在学习与游戏中感受故事带来的乐趣。

二、活动目标

①能够认真倾听，理解故事的情节与大致内容。

②能够主动复述故事中的关键语句"……来晒被子，它的被子是……形状的"。

③喜欢听故事，感受小松鼠晒被子的趣味性。

三、活动准备

①经验准备：认识不同图形，知道小松鼠具有大尾巴的特点。

②物质准备：小猪手偶、小动物图片、不同形状的被子若干等。

四、活动重难点

①活动重点：倾听故事，理解故事内容与情节。

②活动难点：积极参与游戏，能较完整说出关键语句“……来晒被子，它的被子是……形状的”。

五、活动过程

（一）利用手偶导入活动

师：有位小动物来到我们班，大家一起来听一听，猜猜它会是谁？

师：小猪想去做什么呢？一起来欣赏这个好听的故事《香香的被子》，你就知道了。

（二）引导幼儿倾听故事，初步理解故事内容

教师播放课件，有感情地讲述故事。

师：故事里都有哪些小动物？它们做了什么事情？它们的被子都是什么形状的？

教师依据幼儿的回答，依次将动物图片贴出。

（三）再次欣赏故事，尝试共同讲述故事，鼓励幼儿说出关键句

师：我们再一起听听故事，看看小动物们的被子和故事里一样吗？

师：小猪来晒被子，它的被子是什么形状的？谁又来晒被子？它的被子是什么形状的？

教师边说边提前把对应的被子贴上，鼓励幼儿复述。

师：后来谁来了？被子晒过后变得松软又暖和。松软、暖和是什么意思？什么东西是松软的、暖和的？

师：冬天到了，小松鼠把什么当被子？它的被子是怎么晒的？

（四）情境游戏：晒被子

教师鼓励幼儿表演故事情节，说出重复性语言。

1. 邀请幼儿参与晒被子游戏，鼓励幼儿表演故事情节

师：你想当哪只动物？你的被子是什么形状的？我们一起来试着晒一晒。

2. 引导幼儿选择动物与被子，集体参与游戏并表演故事情节

师：你们都是什么动物？你们的被子都是什么形状的？我们一起来晒一晒、说一说吧！

（案例提供：韩伟巍）

案例 4-19 小班故事活动：狗宝宝的床

一、设计意图

故事《狗宝宝的床》内容简单，情节生动，语言具有重复性。该故事以刚出

生的狗宝宝没有合适的床为线索，引出各种小动物拿出自己不同形态的床来帮助狗宝宝的情节。故事中的小动物们与它们的床充满了趣味性，使故事生动有趣又温馨，同时传递出大家相互关心、帮助他人的教育价值。

对于3～4岁的幼儿来说，简单重复的故事情节是比较容易理解的，能够激发模仿兴趣与学习热情。故事中可爱的动物与不同形态的床的呈现为幼儿打开了想象的翅膀，也为幼儿提供了游戏的情境。结合幼儿喜欢模仿、想象的这一年龄特点，运用情境性表演的方式能够激发幼儿参与活动的兴趣，让幼儿进行模仿与学习，体会帮助别人的乐趣。

二、活动目标

①喜欢听故事，了解故事角色与情节。

②理解动物与不同形态的床之间的关系，较准确地复述故事中的对话性语言。

③喜欢参与情境表演游戏，尝试用模仿表演的方式来诠释故事情节。

三、活动准备

①经验准备：幼儿认识动物的名称，了解动物的基本习性。

②物质准备：课件、小动物图片与头饰若干等。

四、活动重难点

①活动重点：理解故事情节，能够基本复述故事中的对话语言。

②活动难点：尝试生动地模仿小动物的动作与语言，复述故事的主要情节。

五、活动过程

(一)以狗宝宝的图片引入，激发幼儿参与活动的兴趣

师：班里来了谁？这只狗宝宝没有床。狗妈妈想请大家看看，什么样的床才适合狗宝宝？听了这个故事，你们再告诉老师。

(二)播放课件，生动讲述故事，引导幼儿了解故事内容

师：故事的名字叫什么？故事里面都有谁？

师：狗妈妈为什么着急啊？狗宝宝缺什么东西？

师：有哪些小动物来帮忙了？它们是谁啊？

师：小动物们都带了什么床啊？它们的床适合狗宝宝吗？

教师依据幼儿的回答，将动物的图片贴在黑板上。

(三)操作动物图片再次讲述故事，引导幼儿理解故事角色与对话

师：狗宝宝没有合适的床，小动物拿来什么帮忙？

师：第一个来的是谁？它拿了什么床？它是怎么说的？大家一起说一说。

师：又有谁来了？它拿了什么床？它是怎么说的？大家来学一学。

师：适合狗宝宝的床是什么样子的？

(四)播放课件，和幼儿共同讲故事，鼓励幼儿模仿并表演角色对话

师：这次和老师一起来讲故事，你们当小动物，我来当狗妈妈！

师：第一个来的是小蝴蝶，它带来了花瓣床，它对狗妈妈说了什么？

师：第二个来的是小蜘蛛，它带来了网格床，它对狗妈妈说了什么？

师：第三个来的是小蚂蚁，它带来了树叶床，它对狗妈妈说了什么？

师：第四个来的是小老鼠，它带来了蛋壳床，它对狗妈妈说了什么？

师：最后小姑娘送来了什么床，她的床为什么狗妈妈收下了？

（五）开展集体性的情境表演游戏，和幼儿共同表演角色对话

师：老师来当狗妈妈，请小朋友来当故事里的小动物。

师：你是什么小动物？你带来了什么床？你会对狗妈妈怎么说？

（六）鼓励幼儿分组按顺序进行角色扮演

在表演过程中，教师注重引导幼儿用语言、动作等表演角色对话。

（案例提供：王晓岚）

案例 4-20　中班故事活动：小蛇多多

一、设计意图

《小蛇多多》是一篇富有童趣、语言生动形象的故事，它以小蛇多多看见各种水果为线索，引出了故事的主题。故事内容与语言具有重复性，情节生动夸张，具有趣味性。以《小蛇多多》的故事内容为题材开展教学活动，不仅能够支持幼儿大胆讲述故事的前半段情节，还能够帮助幼儿依据个人经验大胆推测、想象故事的情节，改编故事或续编故事的结尾部分，以此提升幼儿的想象力与创造力。

二、活动目标

①理解故事大意，能用较完整的语言复述小蛇看到水果时的心理活动。

②能结合个人经验帮小蛇想办法，尝试为故事续编合理的结局。

③喜欢参与故事讲述活动，懂得好吃的东西不能吃得太多的道理。

三、活动准备

①经验准备：能够通过模仿将故事人物的主要对话讲述清楚。

②物质准备：小蛇多多手偶、水果图片、课件、故事讲述单等。

四、活动重难点

①活动重点：理解故事内容，能够完整地讲述故事情节。

②活动难点：发挥想象力，为故事续编合理的结局。

五、活动过程

（一）出示图片，用小蛇的口吻和幼儿打招呼，帮助幼儿明确故事角色

师：有一天，小蛇多多到外面去玩，后来就变成这样了。（出示手偶）多多的肚子为什么会这么大呢？

（二）依次出示图片，讲述故事，帮助幼儿理解故事大意

师：小蛇多多怎么了？它为什么难受？吃了哪些水果？第一次吃的是什么

水果？第二次到第四次呢？说一说小蛇多多吃水果的顺序。

（三）按顺序张贴大图，与幼儿共同讲述故事

师：小蛇看到了苹果，它是怎么想的？苹果吃到嘴里是什么样的感觉？我们一起来讲一讲这个故事吧！

（四）操作图片并辅助添画，引导幼儿续编故事结局

师：小蛇多多吃了这么多的水果，感觉怎么样呢？小蛇多多这么难受，有什么办法可以帮助它？让它能够平安回家？

教师通过绘画的方法帮助幼儿记录讨论的故事结局，鼓励幼儿讲述帮助多多的多种想法和做法。

（五）发给幼儿故事讲述单与小蛇多多手偶，鼓励幼儿完整讲述故事

师：你想到的帮助小蛇多多回家的办法是什么呢？我们一起来找个小伙伴讲一讲。

（六）引导幼儿明白生活中的好吃的东西不能吃太多的道理

师：小蛇多多为什么这么难受？它吃这么多水果好吗？你想对它说些什么？

（案例提供：谷馨）

案例 4-21　中班故事活动：拼拼凑凑的变色龙

一、设计意图

故事《拼拼凑凑的变色龙》以变色龙为主人公，利用变色龙能够变换颜色的特点，讲述了变色龙由于羡慕其他动物的本领而不断变身，最后迷失自我的过程。这个故事情节生动有趣，语言简单易懂，非常适合中班幼儿学习与理解。

中班幼儿正处于自我意识不断发展的阶段，他们逐渐能够认识到自己与他人的区别，也能够初步理解与体会他人的感受。故事活动的开展不仅可以让幼儿更加深入地了解故事情节，还可以帮助幼儿提升故事复述能力，能够让幼儿懂得每个人都有自己长处的道理，并能够快乐地做自己。

二、活动目标

①了解故事内容，理解变色龙变身的原因和过程。

②能够较完整地讲述变色龙遇到不同动物时的想法与做法。

③了解每种动物都有自己的长处，为变色龙的回归感到高兴。

三、活动准备

①经验准备：知道自己的特长，能正确地认识自己。

②物质准备：课件、动物图片、教具等。

四、活动重难点

①活动重点：了解故事情节，理解变色龙变身的原因和过程。

②活动难点：能够较为完整地讲述变色龙遇到不同动物时的想法与做法，

明白每个人都有自己特点与长处的道理。

五、活动过程

(一)出示变色龙的图片，谈话导入

师：今天给大家带来了一位小客人，你们看这是谁？它有什么本领？

师：今天我们就一起来听听变色龙的故事吧。

(二)播放课件，引导幼儿倾听故事，初步理解故事内容

师：故事讲了一件什么事情？

师：变色龙遇到了哪些动物？它羡慕这些动物的什么？

师：它遇到这些动物之后，它是怎么做的？它变成了什么？

师：你觉得这个故事哪里有意思？为什么？

(三)运用教具支持幼儿复述变色龙的想法与做法

1. 运用教具引导幼儿讲述故事情节

师：变色龙首先遇到了谁？它是怎么想的？它又是怎么做的？

师：变色龙后来又遇到了谁？它又是怎么想的？它是怎么做的？

2. 鼓励幼儿分组进行故事讲述

师：变色龙为什么变成了拼凑龙？后来它又怎么样了？为什么？

(四)共同讨论，理解故事内涵

师：变色龙为什么不开心？最后为什么又变回自己？

师：如果你是变色龙，你会怎么想？怎么做？

师：你觉得自己有什么本领？你想展示给大家吗？

小结：每个人都是非常独特的，没有人能取代别人。我们要欣赏别人的长处，也尽力做最好的自己。

(五)延伸活动

粘一粘，讲一讲。

（案例提供：孔靖雯）

案例 4-22　大班故事活动：小獾要做开心的事

一、设计意图

《小獾要做开心的事》故事讲述的是一只小獾一心想做开心的事，但事与愿违，它一天连连不断遇到倒霉的事。当它想和同伴讲述自己的遭遇时，发现同伴也在经历倒霉的事。它开始帮助别人，最后回到家发现小伙伴给了它一个惊喜。该故事通过有趣的情节表达出在别人倒霉的时候，主动给予帮助就能使相互之间获得快乐的生活道理。对 5～6 岁的幼儿来说，故事里发生的事也是他们曾遇到的事，能引发他们的共情。故事里有趣的情节与后面隐喻的哲理也是幼儿所能理解、感受与表达出来的。这个故事的学习不但能提高幼儿理解故事、

复述故事的能力，还能使幼儿进行深度思考，获得主动关心同伴、提供帮助共同获得快乐的社会交往意识与方法。

二、活动目标

①了解故事内容，感受并理解小獾由不快乐到快乐的心理变化过程。

②能相互合作，讲述故事的主要情节。

③理解故事内涵，明白在别人倒霉并不快乐时给予帮助，就能使大家都获得快乐的道理。

三、活动准备

①经验准备：幼儿有遇到烦心事的经历。

②物质准备：课件、故事场景图片等。

四、活动重难点

①活动重点：理解故事内容，感受故事中小獾的心理变化。

②活动难点：理解故事的详细情节与内容，了解小獾的心理变化过程，明白动物们在倒霉时获得帮助才变得快乐的道理。

五、活动过程

(一)谈话导入，激发幼儿对故事的兴趣

师：你在生活中遇到过倒霉的事吗？遇到过哪些倒霉的事？你的心情怎么样？

师：大家一起来听一听这个故事，看看故事的主人公遇到了哪些倒霉的事？

(二)欣赏故事，引导幼儿初步感受故事内容

师：故事的名字叫什么？故事的主人公是谁？

师：小獾都到了哪些地方？它都碰见了谁？

(三)播放课件，分段欣赏故事，进一步理解故事内容

1. 播放第一段故事

师：小獾想要做什么？它在家里遇到了哪些倒霉的事？它的心情怎么样？

2. 播放第二段故事

师：小獾遇到了哪些小伙伴？浣熊说自己倒霉时，小獾做了什么事？麋鹿说自己倒霉时，小獾做了什么事？小獾还帮助了谁？它做了一些什么事？

3. 播放第三段故事

师：小獾回到家后发现了什么？它的心情是什么样的？

师：晚上小獾睡觉时枕头又掉了，为什么小獾说“真是欢乐的一天啊”。枕头掉了，头撞到了床头灯，为什么是欢乐的呢？

(四)出示故事场景图片，引导幼儿复述故事，深入理解故事内容

师：在这张图片里，小獾先在家里遇到了什么倒霉事？后来它去森林里遇到了谁？它是怎么做的？回到家时又发生了什么？谁能够连贯地讲一讲？

教师鼓励幼儿自由分组，观看故事场景图片合作复述故事。

师：你愿意找谁合作？你想讲故事中的哪个片段？和同伴合作要注意什么？

师：大家一起来欣赏，看看哪组的故事讲得既完整又生动？大家还可以相互帮助与补充。

(五)与幼儿共同讨论故事内涵

师：你最喜欢故事中的谁？为什么？

师：故事讲述的是小獾遇到的各种倒霉事，为什么小獾最后还觉得很快乐呢？

师：小獾在朋友们倒霉的时候，给予的是什么？朋友们在它倒霉的时候，给予的又是什么？

师：在生活中如果你遇到了倒霉事，你希望你的好朋友怎么做？当你的好朋友或家人遇到倒霉事时，你又可以怎么做呢？

总结：虽然生活中总会有倒霉事发生，但是有了别人的帮助，心情也会由糟糕变成快乐。所以我们大家在一起时都要相互帮助！

（案例提供：穆冬）

案例 4-23　大班故事活动：两只笨狗熊

一、设计意图

大班幼儿喜欢听故事、愿意讲故事，还会不自觉地合作开展故事表演游戏。在开展故事表演游戏时，部分幼儿存在对故事人物的语气、语调、体态、表情等的理解不够深入，表演较为单一与枯燥的现象。为了激发幼儿的表演欲望，加深幼儿对故事人物的感受，提高幼儿的表演能力，本活动特意选择了情节有趣、角色形象鲜明的故事《两只笨狗熊》，以此来激发幼儿对故事表演的兴趣，帮助幼儿对故事角色形成较为深刻的理解，并主动积极地表现出来。

二、活动目标

①理解故事内容，熟悉大熊、小熊与狐狸之间的对话。

②尝试用不同语气、语调、体态、表情来诠释大熊、小熊与狐狸的形象。

③能与同伴合作表演，体验表演活动的乐趣。

三、活动准备

①经验准备：幼儿已有故事表演的经验；熟悉故事内容。

②物质准备：课件、故事场景图片等。

四、活动重难点

①活动重点：了解故事内容，理解故事中大熊、小熊与狐狸的不同角色特点与形象。

②活动难点：能与同伴合作协商，用不同的语气、语调、体态、表情来表演角色，演绎故事情节。

五、活动过程

(一)回忆故事，熟悉角色对话

师：(出示大熊、小熊的图片)它们是谁啊？是哪个故事里的角色？

(二)播放课件，引导幼儿熟悉故事情节

师幼共讲故事，回顾故事情节内容与对话。

(三)展示角色形象，引导幼儿理解三位角色的不同特点

1. 出示大熊、小熊的图片

师：大熊、小熊长什么样？说话的声音是什么样的？它们看到只有一块面包争执时是怎样的表情？说话又是什么样的？大家一起来学一学、试一试。

2. 出示狐狸的图片

师：狐狸看见面包时是什么样的表情？狐狸说话的声音是什么样的？

教师鼓励幼儿大胆尝试表演，并请幼儿评一评谁表演得像、哪里像。

3. 出示大熊、小熊和狐狸对话分面包的图片

师：当狐狸把面包分成一块大的、一块小的时，大熊、小熊看了是什么反应？它们会怎么说？说的时候心情怎么样？

师：当狐狸想吃到更多的面包时，狐狸会怎么样想？它说话时怎样才能更像一只狡猾的狐狸？大家一起来试一试、演一演。

(四)引导幼儿排练后展示与评价

师：故事里有几个角色？除了这几个角色，还需要谁才能完整地把故事表演出来？

教师请幼儿自由组成一组，分工商量扮演谁，想怎样表演。

师：你觉得哪组表演得比较好，为什么好？谁的表演值得我们学习？大家有什么建议吗？

(五)延伸活动

师：希望没有完成展示的小组，今天游戏时间到表演区再次展示。

(案例提供：汪绪娟)

第四节 诗歌和散文活动

一、 基本概念

诗歌是幼儿文学作品的重要组成部分，包括儿歌、古诗、谜语、绕口令等多种题材。诗歌一般具有一定的主题。有的诗歌语言精练，生动优美，想象丰

富，意境幽远；有的诗歌节奏感强，朗朗上口，富有情趣，为幼儿所喜爱，是幼儿园实施集体教学活动的常用内容。

从语言来看，散文具有外在与内在的音韵与节律，形成回环反复的节奏感，与音乐曲调有相通之处；从意象来看，散文具有浓郁的抒情性，附载着丰沛情感、独特想象，使情感与想象天衣无缝地相结合，与绘画异曲同工；从文字排版来看，散文具有跳跃性，采取重复、回环等手法，注重留白，给读者广阔的想象空间。此外，散文还运用了多种修辞手法与多角度的比喻方式，启发着幼儿展开文学想象。

在接触到优美的诗歌和散文时，教师需要从文学的角度出发对诗歌和散文进行细细品读与鉴赏，了解诗歌和散文的内容与意义，揣摩诗歌的修辞手法，理解诗歌蕴含的诗意与情感，将诗歌自身所具有的这些文学语言的美传递给幼儿。同时，教师还应有意识地支持幼儿开展探究式、创造性、个体化的诗歌和散文学习，鼓励幼儿对诗歌和散文的语言与内容进行比较、概括、联想、扩充，通过再现、续编、仿编、创编或创造等途径，鼓励幼儿结合个人生活经验、思维方式、审美等对诗歌和散文进行想象与创造，促使幼儿的想象力得到发展，在幼儿心中播下一颗用语言来表达“美”的种子。

二、 选材要点

幼儿的思维具有具体形象特点，因此具体、生动、形象、贴近幼儿生活的内容更容易被幼儿接受和喜爱。而有些诗歌和散文内容抽象、概括、朦胧，幼儿不易理解，也很难接受。因此，选择诗歌和散文时要注意幼儿的年龄特点。

（一）选择内容具体且具有教育意义的诗歌和散文

选择内容具体且具有一定教育意义的诗歌和散文，一方面有利于幼儿理解诗歌和散文内容，另一方面有助于幼儿认识生活，形成对周围事物的正确认识和积极态度。

（二）选择构思新奇、意境优美、想象丰富的诗歌和散文

构思新奇、意境优美的诗歌和散文可以充分调动幼儿的情绪情感，让幼儿在享受优美语言的同时，使幼儿拥有美的感受，从而吸引幼儿的学习兴趣等。想象丰富的诗歌和散文可以引发幼儿的大胆想象与创造，在幼儿感受天马行空的乐趣的同时，促进幼儿的续编或仿编。

（三）选择语言浅显朴实、生动有趣、诙谐幽默的诗歌和散文

教师还可以选择语言浅显朴实、生动有趣、诙谐幽默的诗歌和散文进行教学。通常这类诗歌和散文幼儿更是喜爱，而且会时常挂在嘴边。

三、实施要点

在教学活动中，教师需要给幼儿提供充分欣赏的机会，以便幼儿对诗歌和散文形成完整的印象，然后再进行理解与分析。教师可以采取如下教学策略。

（一）注重示范朗诵，引导幼儿领略诗歌和散文特质

诗歌和散文是文学性语言的经典呈现，具有语言的美感与意境。诗歌和散文传递的途径离不开教师的朗诵与表达。在教学中，如果是诙谐幽默押韵的诗歌，教师需要富有节奏或加上身体动作进行朗诵，引领幼儿感知与领略诗歌的特有韵味。如果是意境优美的散文，教师一定要利用柔美的背景音乐，辅之富有技巧的朗诵，吸引幼儿来到一个充满美的世界。诗歌和散文的朗诵特别是面向幼儿初次欣赏的朗诵，教师朗诵的效果非常重要，直接决定幼儿后面参与互动的状态。

（二）多种图片辅助，帮助幼儿理解诗歌和散文语言

教师可以根据诗歌和散文内容绘制或选择相关图片，以具体形象的画面帮助幼儿理解诗歌内容，或通过图片让幼儿感受诗歌的意境和情感。当然，图片的数量可以根据诗歌作品的特点而定。比如，可以选择一张图片涵盖全部诗歌和散文内容，以突出诗歌和散文的整体意境与优美；也可以采取多图呈现的形式，使每张图片与诗句内容匹配，更适合年龄较小幼儿理解诗歌和散文内容。面向大班幼儿，教师还可以采取图文结合的方式呈现诗歌和散文，既有助于他们对诗歌和散文语言的理解，也有助于他们前阅读、前识字技能的培养。

（三）多种形式诵读，鼓励幼儿传递诗歌和散文情感

由于诗歌和散文的语言具有特殊性，因此诵读是教学中的一项特定目标。诗歌和散文的诵读形式其实是多种多样的。除了完整诵读，教师还可以采取小组诵读、轮流诵读、师幼对答、表演诵读等形式。在教学中，诗歌和散文的诵读应当体现趣味性，让幼儿在诵读过程中一方面感受诗歌的特点，或优美轻柔，或押韵上口、诙谐有趣，另一方面将自己对诗歌的理解再次用自己的语言传达给他人。

（四）鼓励多元表达，支持幼儿主动延伸理解

儿童有一百种语言，意味着有一百种表达方式。幼儿对诗歌和散文的理解、感受不同，因而表达方式也不同。当幼儿对诗歌和散文有了初步的理解与感受之后，教师可以鼓励幼儿采用多种方式进行表达。比如，绘画、动作表演、仿编、续编这些多样化的表达，不仅可以加深幼儿对诗歌和散文的感受，还可以从另外一个角度了解幼儿的内心世界。

四、教学案例

案例 4-24　小班诗歌活动：彩色的梦

一、设计意图

每个人都会做梦。在幼儿的眼里，梦是美好的，是彩色的。《彩色的梦》是一首经典的诗歌，结构整齐、有规律，句式简单，便于小班幼儿学习。诗歌中提到的“小草、小花、白云和小朋友”的形象都是贴近幼儿生活的，符合幼儿的认知特点，有利于吸引幼儿的注意力。“绿绿的、红红的”等叠词的运用符合幼儿的语言学习特点。事物与颜色相互对应，便于幼儿理解、记忆以及感受诗歌的美。简单的仿编能让幼儿愿意动脑筋，提升表达能力。3～4 岁是幼儿语言发展的关键期，这个时期幼儿的语言发展在很大程度上取决于外界的刺激。因此创造一个自由、宽松的语言环境更能支持幼儿与他人交谈，让幼儿体验到语言交流的乐趣。

二、活动目标

①感受诗歌的优美，知道诗歌描述的事物与颜色的关系。

②理解诗歌内容，初步学说诗歌。

三、活动准备

①经验准备：认识多种颜色。

②物质准备：图片、操作板、背景音乐等。

四、活动重难点

①活动重点：理解诗歌内容并学习朗诵，提高语言表达能力。

②活动难点：感受诗歌中描述的事物与颜色的关系，并尝试仿编。

五、活动过程

（一）创设情境，激发幼儿的学习兴趣

师：今天老师带你们来到了一个美丽的地方，小朋友们都看到了什么？他们都闭着眼睛在做什么呢？

教师引导幼儿说说自己做过的快乐的梦，对幼儿的梦进行总结。

(二)听录音，感受诗歌内容，理解事物与色彩的关系

师：小草睡觉的时候做了一个美丽的梦，小草的梦是什么颜色的？为什么说小草的梦是绿色的？

师：小花睡觉的时候做了一个快乐的梦。小花的梦是什么颜色的？为什么？

师：白云也爱做梦，小朋友们猜猜白云做了什么样的梦？白云的梦是什么颜色的？

师：小朋友也爱做梦，每个小朋友每次做的梦都不同。梦是丰富多彩的，所以你们的梦是彩色的。

(三)完整欣赏诗歌，感受诗歌的韵律美

教师有感情地朗诵诗歌(播放背景音乐)。

教师领诵，幼儿跟诵，模仿动作，有感情地再次朗诵。

(四)展开想象，仿编诗歌

师：在你的小座位下坐着睡着的好朋友，他们也做了甜甜的梦。请你猜猜他们的梦是什么颜色的？用好听的话告诉我。

教师引导幼儿感知事物与颜色的对应关系。

教师引导幼儿用诗歌内容说一说。

(五)活动结束

师：平时都是爸爸妈妈给你们讲睡前故事。今天回家后就由小朋友来给爸爸妈妈朗诵这首优美的诗歌，祝爸爸妈妈做个快乐的梦。

(案例提供：韩旭)

案例 4-25　小班诗歌活动：花儿红

一、设计意图

诗歌《花儿红》属于文学性诗歌，内容较短，用词精练而生动，通过一组组动词与花儿、草丛、风儿等物体的巧妙结合，创造出一幅花朵盛开、草儿摇曳、风儿和煦的优美意境。对 3～4 岁的幼儿来说，诗歌描写的画面是他们较为熟悉、喜欢的场景，能引发他们对大自然美好事物的喜爱。诗歌采用的优美生动的词语能为幼儿所理解、感受与表达。这首诗歌的学习不但能唤起幼儿对大自然中优美景色的深度感受与向往，也能在他们的心中种下一颗用多种方式表达美的种子。

二、活动目标

①在多种感官体验中感受诗歌的语言美与意境美。

②熟悉诗歌内容，理解诗歌的含义，初步学习朗诵诗歌。

③积极参与活动，愿意用语言、动作的方式来主动表达诗歌内容。

三、活动准备

①经验准备：幼儿有去过花园的经验。

②物质准备：美丽春天的图景、课件、图片等。

四、活动重难点

①活动重点：理解诗歌内容并感受诗歌的美。

②活动难点：主动用语言和动作相结合的方式来表达对诗歌意象的喜爱。

五、活动过程

(一)欣赏诗歌，引导幼儿初步感受诗歌内容

师：你们都听到了什么？花园里有谁？花儿有哪些颜色？它们喜欢藏在哪里？

(二)出示美丽春天的图景，结合示范念诗，讨论诗歌前半部分的内容，感知诗歌的画面美

师：你看到了什么？花儿是什么样子的？是什么颜色的？卷卷的是什么？有小点点的又是什么？花儿们都藏在哪里呢？你觉得花园美吗？

师：除了草丛是花儿的朋友外，花儿还有别的朋友吗？会是谁呢？你们听见了吗？你们发现了吗？

(三)播放课件，再次欣赏完整的动画配诗，进一步理解诗歌的后半部分内容

师：花儿的朋友还有谁啊？谁来到花园里了？它喜欢做什么？谁会是红绿黄？风儿是怎么搅乱红绿黄的？

师：风儿是怎样和花儿玩游戏的？当风儿吹时，花儿会做什么？当风儿唱歌时，花儿还会和风儿玩什么？我们一起来试一试。

(四)排列图片，梳理诗歌内容，帮助幼儿整体复述诗歌

1. 操作活动：图片排序

师：(出示图片)谁能把这些图片按诗歌里说的排成两排？第一个应该摆谁？一起看看摆得对不对？我们一起来念一念。

2. 尝试看图片朗诵诗歌

师：怎样念会比较好听？用什么声音来念？谁会加上好看的动作念？

(五)鼓励幼儿结合动作、语言、歌唱朗诵诗歌

1. 鼓励幼儿用动作表演

师：你是什么颜色的花儿？花儿怎样很美？风儿是怎样吹的呢？可以做什么动作呢？风儿是怎样与花儿玩游戏的？我们一起来找个小朋友说一说、跳一跳。

2. 播放音乐，开展情境游戏，鼓励幼儿跟随音乐表达

师：请大家跟着音乐，找个风儿做朋友，大家一起来唱一唱、跳一跳。

(案例提供：王晓岚)

案例 4-26　小班诗歌活动：一朵棉花

一、设计意图

诗歌《一朵棉花》的句式简单易懂，具有一定规律的反复性。“一朵棉花变变变”曾多次出现，符合小班幼儿对诗歌的学习特点。诗歌中提到的“雪人、糖果、小羊、胡子”的形象都是幼儿生活中能够发现的，既符合幼儿的认知特点，又能吸引幼儿的注意力。此外，诗歌中运用了“胖胖圆、蜜蜜甜、咩咩叫、花花白”等叠词，也是符合幼儿的接受水平，又能够在一定程度上拓展他们的想象空间。幼儿会把自己假想的事情当作真实的事情。这使他们的想象更加夸张，他们对周围世界充满浓厚的兴趣，对新鲜事物有着强烈的好奇心。棉花具有一定的可塑性，能为幼儿的创造性思维发展提供支持。诗歌中的童趣以及画面的温馨可以帮助幼儿感受诗歌的美，进而产生仿编的欲望。

二、活动目标

①感受诗歌《一朵棉花》的画面及语言，感受诗歌的美。

②理解诗歌内容，愿意跟说诗歌《一朵棉花》。

③能够大胆想象并根据句式“一朵棉花变变变，变成……”进行仿编。

三、活动准备

①经验准备：知道棉花是软软的，有一定的可塑性。

②物质准备：课件、音频、图卡、图片等。

四、活动重难点

①活动重点：理解诗歌内容，能主动跟说诗歌《一朵棉花》。

②活动难点：运用句式“一朵棉花变变变，变成……”尝试大胆仿编。

五、活动过程

(一)出示一朵棉花，讲述诗歌《一朵棉花》，引导幼儿安静倾听

师：今天老师请来了一朵棉花。它会变魔术，我们看看它变成了什么？

师：棉花不仅会变成糖果，还会变成很多东西，都在这首诗歌里。我们一起听一听。

(二)根据诗歌进行提问，感知理解诗歌内容

师：棉花都变成了什么？是什么样子的？你能表演一下吗？

(三)再次进行朗读后引导幼儿学说诗歌的完整句式

师：谁能用诗歌中好听的话完整地说一说？

教师鼓励幼儿大胆跟说诗歌。

(四)引导幼儿运用句式“一朵棉花变变变，变成……”进行仿编

1. 根据诗歌内容进行仿编

师：雪人除了是胖胖圆，还是什么样的？糖果除了是蜜蜜甜，还是什么样的？

冰激凌是什么样的？太阳是什么样的？

教师引导幼儿仿编自己的诗歌。

2. 鼓励幼儿运用句式大胆仿编

师：棉花最爱做游戏，它跑到你的椅子下面了。它变成了什么？是什么样的？

教师引导幼儿大胆展示自己仿编的诗歌。

（五）活动结束

活动在音乐律动中自然结束。

（案例提供：韩旭、梁超）

案例 4-27　中班诗歌活动：会飞的小星星

一、设计意图

《会飞的小星星》是诗人樊发稼撰写的一首诗歌。诗歌的前半部分描写了夜晚的萤火虫飞舞的画面，并且用“一忽儿……一忽儿……”的排比句式将萤火虫飞舞的轨迹生动地表达了出来，具有画面感。诗歌的后半部分运用哥哥、妹妹对话的方式，表达出主人公对美好事物充满想象力，也体现出兄妹之间亲密与欢乐的感觉。

本活动借助优美的画面和温馨的背景音乐，利用视听结合，引导幼儿欣赏诗歌，感受诗歌的画面美、语言美、意境美；同时让幼儿结合已有的生活经验，发挥想象力，感受身临其境的美好，进而体会诗歌的优美，并在引领下有感情地朗诵诗歌，提升诗歌朗诵能力。

二、活动目标

①熟悉诗歌，感受诗歌中优美的意境。

②能够根据教师的提问，观察小星星和萤火虫的图片，理解诗歌内容。

③在游戏中尝试用好听的声音有感情地朗诵诗歌。

三、活动准备

①经验准备：对夜晚景象和相关活动的了解。

②物质准备：课件以及有关夜晚、星星和萤火虫的图片等。

四、活动重难点

①活动重点：理解诗歌内容，感受夜晚的生动与美妙。

②活动难点：用富有感染力的声音朗诵诗歌，并配合适宜的身体动作表现诗歌。

五、活动过程

（一）以互动导入活动

师：现在是什么季节啊？夏天的夜晚会有什么呢？今天老师就带你们去看看，会发现什么美妙的事情呢？

(二)出示诗歌课件，引导幼儿观察画面，理解感受诗歌的前半部分内容

师：在夏天的夜晚，是什么在闪闪发光?

师：闪闪发光的东西是怎么飞的？有不同意见吗?

师：这个夜晚实在是太美了，我们把它做成一首诗试一试?

教师引导幼儿看图尝试说出诗歌的前半部分内容。

教师鼓励幼儿尝试用自己的小手模拟萤火虫飞一飞。

(三)继续观察画面，进一步理解感受诗歌的后半部分内容

师：在这个美丽的夜晚，来了两个人，你们看是谁?

师：哥哥会说什么呢?

师：妹妹可是一个小诗人，你们猜猜妹妹会怎么说呢?

师：我们一起再把它变成好听的诗歌试一试。

教师鼓励引导幼儿尝试看图说出诗歌后半部分内容。

(四)播放课件，完整欣赏诗歌

师：夜晚有这么美好的事物，让我们一起闭上眼睛来感受这首优美的诗歌。

教师有感情地朗诵诗歌。

师：听完诗歌，你们有什么感受?

师：妹妹说萤火虫是什么？为什么这么说呢？你有什么感受?

(五)引导幼儿用语言表达诗歌中的美丽意境

师：让我们一起用好听的声音朗诵这首诗歌，你们准备好了吗?

教师引导幼儿边看着画面边尝试朗诵诗歌。

师：你们感觉自己朗诵得怎么样？怎样朗诵就更好听了?

(六)引导幼儿边做动作边有感情地朗诵诗歌

师：我们再来朗诵一遍诗歌。

教师引导幼儿拿着“小星星”和“萤火虫”边做动作边有感情地朗诵诗歌，感受诗歌的优美。

(七)活动结束

师：除了萤火虫和星星在夏夜里飞来飞去，还有什么在夏夜里闪闪发光、飞来飞去?

师：我们把这首优美的诗歌朗诵给我们的爸爸妈妈，还可以在晚上出去，看看会发现什么美好的事物。

(案例提供：马鸣)

案例 4-28 中班诗歌活动：夏天的颜色

一、设计意图

《夏天的颜色》是一首语言简练、内容浅显、意境优美的诗歌，不仅能激发

幼儿热爱大自然的情感，还能促进幼儿对文学作品中优美语句的感知、理解与想象。中班幼儿存在很大的语言发展潜力，他们已经积累了一些词汇。但是，部分幼儿在当众表达时缺乏自信心，存在急于说话却无法完整表达、表达清晰却缺乏生动性的现象。开展诗歌仿编活动能够引导幼儿在感受夏天的色彩美的基础上，大胆尝试画一画、编一编、讲一讲，运用文学性的语言来表达自己所感受到的夏天的美，从而提高幼儿的语言表达能力。

二、活动目标

①理解诗歌内容，能较熟练地复述诗歌。

②能依据句式"……说夏天是……颜色的"仿编，主动表达。

③感受夏天的美丽，萌发热爱大自然的情感。

三、活动准备

①经验准备：幼儿对夏天的景物与特点比较了解。

②物质准备：课件、图谱、音乐《春野》、水彩笔若干等。

四、活动重难点

①活动重点：理解诗歌内容，能较熟练地复述诗歌。

②活动难点：能依据句式"……说夏天是……颜色的"大胆仿编，主动表达。

五、活动过程

(一)播放课件，引出活动主题

师：知了在黑黑的泥洞里待了太长时间，都不知道现在是什么季节了。它还不知道夏天的颜色呢，我们来告诉它吧！

(二)欣赏、学习诗歌

1. 第一次完整欣赏诗歌，有感情地朗诵

师：诗歌里都有谁看到了夏天的颜色？它们看到的是什么颜色呢？

2. 第二次完整欣赏诗歌，播放课件中的动画与音乐

师：荷花、大树、樱桃是怎么说的？

教师引导幼儿将图谱按诗歌内容顺序摆放。

师：为什么荷花说夏天是粉色的呢？

师：什么叫五颜六色？为什么大地妈妈说夏天是五颜六色的呢？

(三)播放课件，结合配乐完整朗诵诗歌

师：这首诗歌很美，我们应该怎样念呢？

(四)引导幼儿学习并仿编诗歌

师：夏天还会有哪些颜色呢？动物、植物会对夏天怎么说呢？

教师引导幼儿根据句式"……说夏天是……颜色的"进行仿编。在仿编时，教师示范性地在作业单中记录，帮助幼儿明确仿编与记录的方法。

师：你们觉得还有哪些不同的动物、植物会找到不同的颜色？它们会对夏

天怎么说呢？

（五）交流分享

师：谁愿意分享自己编出的诗句呢？我们一起来听一听。

师：你喜欢谁的仿编诗句？你觉得哪句特别有意思？哪句是我们都没有想到的？

（六）延伸活动

师：我们一起到花园里再去寻找夏天的颜色，把编的诗歌制作成小书吧。

（案例提供：汪绪娟、王晓岚）

案例 4-29　大班诗歌活动：假如我有翅膀

一、设计意图

诗歌《假如我有翅膀》共有四句，以重复句式“假如我有翅膀”为分行排列的前半句。分行排列的后半句是幼儿身边熟悉喜欢的场景内容，如蓝天白云、森林、小鸟、花朵等。整个诗歌结构规整，重复句式让幼儿朗朗上口。大班幼儿对诗歌学习有一定的前经验，能够感知诗歌的朗朗上口，喜欢说韵律感强的诗歌，对诗歌的句式有初步的认识。大班幼儿还愿意对感兴趣的诗歌进行仿编，能够加入自己的想象去表达。为了发展幼儿的想象力和创造力，以及锻炼其运用多种艺术形式去大胆表达，我们开展了此次活动。

二、活动目标

①学习诗歌，感受诗歌的语句美、意境美，并有感情地朗诵诗歌。

②能够大胆想象，尝试用“假如我有翅膀，我要……”的句式仿编诗歌。

三、活动准备

①经验准备：喜欢说诗歌；对诗歌的句式有初步的认识。

②物质准备：课件、音乐《春野》、图片、画笔、画纸等。

四、活动重难点

①活动重点：学习诗歌，感受诗歌的语句美、意境美，并有感情地朗诵诗歌。

②活动难点：用“假如我有翅膀，我要……”的句式仿编诗歌，想象飞到的地方与做的事情合理，有内在的关联性。

五、活动过程

（一）听音乐导入活动

师：刚才的歌曲叫什么名字？蝴蝶有一对漂亮的什么？你想有一对翅膀吗？一对什么样的翅膀？

教师鼓励幼儿说出不同的翅膀。

（二）欣赏诗歌，学习有感情地朗诵诗歌

教师播放课件，引导幼儿有感情地朗诵诗歌。

师：我们都想有一双翅膀，今天我们来欣赏一首好听的诗歌《假如我有翅膀》，看看诗歌里是怎么说的？

师：诗歌里说了什么？你仿佛置身在哪里？你有什么样的感受？

教师引导幼儿再次完整欣赏诗歌。

师：这次我们欣赏得更仔细了。假如我有翅膀，我去了哪里？做了什么事情？(出示图片)我们尝试用3张图片组成一句诗，把诗歌完整地表达出来。

师：再来听一遍，看看排列的图片和诗歌表达的一样吗？

(三)看图片学习朗诵诗歌

师：在朗诵诗歌时应该怎么做才能让诗歌更加优美好听？

教师和幼儿进行讨论，并梳理观点。

教师与幼儿一起有感情地朗诵诗歌。

(四)打开思路，进行想象

师：这是诗歌里的内容。假如你有翅膀，你想有什么样的翅膀？想飞到哪里？做什么事情呢？

师：带上你们不一样的翅膀展翅飞翔，边飞边说一说你飞到了哪里？有什么感受？想做什么？

师：谁来分享一下你刚刚飞到了哪里？有什么感受？想做什么？

师：你还想有什么样的翅膀？可以找到一个小伙伴一起飞翔在你们想要去的地方，做你们想做的事情。

(五)引导幼儿仿编诗歌

师：我们一起来用“假如我有翅膀，我要……”的句式，把我们刚刚想到的内容来说一说。注意好好想一想飞到了哪里，可以做什么事情。

教师请幼儿按照句式仿编诗歌，并鼓励幼儿大胆表达。

(六)延伸活动

师：我听着你们说的，仿佛看到了美丽的画面。请4个小朋友合作，一起用图画表达出来。

教师引导幼儿分享小组仿编的诗歌。

师：这组小朋友仿编的诗歌你最喜欢哪里？

(案例提供：韩伟巍)

案例4-30　大班诗歌活动：小胖小

一、设计意图

诗歌《小胖小》属于叙事性诗歌，采用了顶真手法，呈现了主人公小胖小到外面前前后后学习了很多本领，但都没学会，最后回到学校做学生的过程。诗歌内容有趣、文字押韵、朗朗上口，深受幼儿喜爱。大班幼儿的逻辑思维已开始萌芽，可以在教师的引导下了解诗歌的顶真手法的特点。他们思维活跃，喜欢创新，可以根据诗歌的特点进行仿编，从而体验诗歌的趣味性。

二、活动目标

①理解并掌握诗歌《小胖小》中顶真手法的特点。

②能够与同伴合作，合理仿编诗歌。

③感受仿编诗歌的乐趣，享受仿编后的成就感。

三、活动准备

①经验准备：幼儿已阅读过绘本《小胖小》，并会朗诵。

②物质准备：课件、音频、图片等。

四、活动重难点

①活动重点：与同伴合作运用顶真手法仿编诗歌。

②活动难点：在仿编中能够准确运用动词，灵活运用形容词进行合理仿编。

五、活动过程

(一)回忆、朗诵诗歌《小胖小》

师：小朋友们还记得这本书吗？回忆一下小胖小都去学了什么？

教师引导幼儿跟读诗歌《小胖小》。

(二)发现诗歌前后句之间的相互联系，理解诗歌运用的顶真手法

师：小胖小都学了什么本领？你能按诗歌呈现的顺序说一说吗？

幼儿边说，教师边出示诗歌图片，并按顺序排列好。

师：请你观察一下(出示图片)，图片的排列有什么规律吗？

总结：这样前一句的结尾和后一句的开头相同的诗歌叫作“顶真”。

(三)引导幼儿尝试根据图片内容仿编诗歌

幼儿四人一组，每组六张图片(一式两份)。幼儿通过摆放图片合作仿编诗歌。

教师引导幼儿运用顶真手法仿编诗歌。

(四)展示仿编成果，共同评价

教师请2～3组幼儿进行仿编展示。

师：他们仿编的诗歌是否用到了顶真手法？你是从哪里看出来的？你喜欢哪一组仿编的诗歌？为什么？

评价内容涉及顶真手法的运用，形容词是否准确合理，朗诵声音，同伴合作，也可涉及诗歌的押韵。

(案例提供：齐春婷)

案例 4-31　小班散文活动：晚上

一、设计意图

散文《晚上》用“晚上是……的时候”句式，结合比喻、拟人等方式，向幼儿

传递着晚上自然界的生动有趣性，以及家庭中的幸福与美好等内涵。这是小班幼儿都能体验并感受到的。

小班幼儿刚刚进入幼儿园，他们渴望并享受与家人在一起的温暖感受。在晚上，幼儿和家人一起享受团聚的幸福时刻。本活动不仅能让幼儿充分感受晚上的美好，体会与家人在一起的亲情，还能让幼儿尝试运用散文中的重复句式，表达自己在晚上、在家庭中的有趣事件与温馨活动，为幼儿心中种下一颗“爱”与“美”的种子。

二、活动目标

①理解散文的内容，充分感受晚上的美。

②发现晚上丰富的活动，尝试用“晚上是……的时候”的句式仿编。

③喜欢仿编活动，对晚上怀有美好的情感。

三、活动准备

①经验准备：熟悉绘本内容，有与父母在晚上共处的经历。

②物质准备：课件、音乐《小星星》、幼儿与家人活动的照片等。

四、活动重难点

①活动重点：在理解散文的基础上，表达心中对晚上美好的情感。

②活动难点：尝试用“晚上是……的时候”句式表达。

五、活动过程

(一)播放音乐《小星星》，导入活动

师：听，这是什么歌？看，天空中出现了什么？天空有星星是什么时候？

(二)再次欣赏散文《晚上》的画面

师：还记得这篇散文吗？一起来听一听，跟着画面一起来念一念！

师：欣赏完了这些画面，你觉得晚上的时候哪里特别美？特别有趣？

(三)鼓励幼儿用散文中的语句跟读散文

师：我们一起来读一读这篇散文。然后告诉大家你觉得散文中哪里特别美？晚上是做什么事情的时候？

教师带领幼儿共读绘本，一边翻绘本一边提醒幼儿用散文中的语句将画面内容补充完整。

(四)出示幼儿与家人活动的图片，引导幼儿在集体分享中学习仿编

师：小朋友们带来了自己晚上活动的图片，我们来看一看。

师：这是谁的图片？图片上还有谁？你在做什么？你晚上是做什么事情的时候？你晚上是和谁一起做什么游戏的时候？

教师鼓励并提醒幼儿用散文中的句式完整表达。

(五)给幼儿提供图片，鼓励幼儿自主仿编

师：小朋友们，你们的爸爸妈妈都为你们准备了一张图片，藏在椅子的下

面。大家一起来看一看。

师：请你看一看图片，与同伴和老师说说，你的晚上是做什么事情的时候？

教师鼓励幼儿与他人分享。

(六)活动结束：感受晚上的温馨与美好

师：原来每个小朋友在晚上都做了这么多有趣的事情。今天请你们和老师一起来数星星吧！(播放音乐，在游戏中活动自然结束)

(案例提供：韩伟巍)

案例 4-32 中班散文活动：下雨的味道

一、设计意图

散文《下雨的味道》为叙事性散文，阅读这篇散文就像沐浴在清新的小雨中。作者用诗意、明净、舒缓又不乏活泼的语言，讲述了孩子们探究一个有趣小问题的过程。

4～5 岁的幼儿能够理解散文内容，初步感受画面美、语言美、意境美。为了帮助幼儿进一步体会散文中的内在情感，结合已有经验大胆想象，我们设计开展本活动，让幼儿在散文的世界里发现美、感受美、表达美。

二、活动目标

①回顾散文《下雨的味道》，巩固对散文的理解，感受散文所描述的优美意境。

②能够结合下雨经历，尝试用散文中“下雨的味道是不是……”句式进行大胆仿编。

三、活动准备

①经验准备：幼儿有在小雨中活动的经验。

②物质准备：下雨的音频、课件、图片等。

四、活动重难点

①活动重点：回顾散文《下雨的味道》，巩固对散文的理解，感受散文的语言美、意境美。

②活动难点：尝试用“下雨的味道是不是……”句式进行大胆仿编，仿编内容富有美感。

五、活动过程

(一)导入环节：带领幼儿听下雨的音频，进入活动场地，回忆有关下雨的趣事

师：小朋友们，这是什么声音啊？可能会发生什么事情？

师：上次我们读了一本有趣的绘本，我们再来欣赏一遍。

(二)完整回顾散文，感受散文的语言美和意境美

师：你觉得散文中哪里有趣？哪里好玩？我们一起来打开大书看一看。

师：下雨前三只小动物看到了什么？说了什么？

师：下雨的味道是不是像海边吹来咸咸的风？为什么小猪会这么说？

师：下雨的味道是不是像电饭锅打开时热热的气息？你觉得那是什么样的感受呢？

师：下雨的味道是不是像小牛吃的嫩嫩的青草？你有过这样的体会吗？那是什么样的味道？

师：小动物们等雨来，它们做了什么？它们是什么样的心情？

师：下雨了，雨穿过了哪里？那是什么样的画面？

师：下雨了，小动物们在做什么？下雨的味道是什么样的？这是闻到的吗？这是怎样感受到的？

幼儿回答问题，教师翻开大书的相应页，支持幼儿观察、表达。

（三）出示图片，再次理解散文中的“下雨的味道是不是……”句式的内容

师：散文中小动物们说下雨的味道都是什么样的？

师：我们一起来说说“下雨的味道是不是……”。

教师引导幼儿回顾表达，再次感受散文的语言美。

教师请幼儿模仿散文中小动物所用的句式说一说下雨的味道。

（四）出示课件，让幼儿结合自身经验感受下雨的味道并进行仿编

师：你有过下雨前、下雨时活动的经历吗？那是什么样的感受？

师：这是下雨时我们出去玩的照片，你感受到下雨的味道是什么样的？

师：谁来尝试用“下雨的味道是不是……”来说一说。

师：下雨的味道除了闻到的，还可以有什么感受？想一想和身边的老师、小朋友说一说。

教师请幼儿进行分享，并说一说听完之后自己的感受。

（五）发给幼儿纸笔，鼓励幼儿自主仿编

教师鼓励幼儿大胆想象，用多种方式表达，如身体动作、绘画等，并尝试用散文中的“下雨的味道是不是……”句式进行仿编。

（案例提供：赵颖）

案例 4-33 中班散文活动：收集东 收集西

一、设计意图

散文《收集东 收集西》从自己的收集出发，逐渐延伸到他人的收集，进而扩展到自然界，让幼儿看到大自然中各种事物、现象也存在收集与被收集的关系。该散文通篇采用“……喜欢收集……”的排比句式，不仅有利于幼儿对散文内容的理解，也有助于幼儿发现散文句式的内在规律，进行仿编。对于中班幼儿来说，他们都有收集的爱好，因此能够结合自身经验理解“收集”一词的含义，也

可以理解自然界很多事物之间的关系，进而理解散文中带有诗意的“收集”的含义。此外，幼儿能够根据散文中的重复句式，结合绘本以外有关收集的内容，拓展更多的想象与创造，尝试进行散文的仿编，从而实现自身语言的连贯性发展，体会语言运用的乐趣。

二、活动目标

①感知收集与被收集事物之间的联系，了解收集的深层概念。

②能够用“……喜欢收集……”句式进行散文仿编。

③敢于大胆表达自己的想法，享受仿编带来的乐趣。

三、活动准备

①经验准备：幼儿阅读过《收集东 收集西》，并用表格记录过绘本内容。

②物质准备：课件、玻璃瓶、塑料筐、便笺纸等。

四、活动重难点

①活动重点：能够积极想象，用“……喜欢收集……”句式进行大胆表达。

②活动难点：感知收集与被收集之间的关系，从而合理仿编。

五、活动过程

(一)播放课件，回顾绘本内容

师：你喜欢散文中谁收集的什么？散文中是怎样说的？

教师根据幼儿的回答粘贴相应的图片，帮助幼儿梳理散文语言。

师幼朗诵散文内容。

(二)根据周围实物，集体尝试用“……喜欢收集……”的句式进行仿编

师：老师这里有一个玻璃瓶，请你猜一猜玻璃瓶喜欢收集什么呢？

教师出示空玻璃瓶引导幼儿进行发散思考。

师：老师发现这里有一个塑料筐，请你说一说塑料筐喜欢收集什么呢？

教师出示塑料筐继续引导幼儿进行发散思考。

师：我们的教室里还有很多东西，你觉得它们喜欢收集什么呢？

教师引导幼儿利用便笺纸为自己找到的收集物做标记。

师：你找到了什么？它喜欢收集什么？

教师引导幼儿用“……喜欢收集……”句式表达自己找到的收集物。

(三)出示有关大自然的图片，引发幼儿联想更多有趣的收集

师：除了我们教室中的物品，大自然中还有很多有趣的收集，这是什么呢？它喜欢收集什么？为什么？

师：它还喜欢收集什么？

教师引导幼儿发散思考：一种事物可以收集多种不同的事物。

(四)引导幼儿展开想象，针对大自然中的各种事物的收集关系进行仿编并记录

师：你还知道哪些事物？它们喜欢收集什么？

师：请你把自己想到的有趣的收集记录到自己的表格里。

(五)延伸活动：我的收集展

幼儿将自己的仿编记录与同伴进行交流。

教师引导幼儿将记录纸展示到黑板上，自愿到前面介绍。

（案例提供：果娜、刘皓月）

案例 4-34 大班散文活动：棒棒和胖胖的新旅程

一、设计意图

散文《棒棒天使》刻画了一对外表完全不一样的棒棒天使与胖胖天使，以及他们之间发生的种种相反但有趣的游戏。绘本的内容既简单又有趣，词语简短、易理解，还隐藏着一对对好玩的相反词。对于5～6岁的幼儿来说，绘本是他们喜欢观察、探索、感受的内容，能够引领他们进入一个个精彩的相反世界，帮助他们理解更多的反义词，感受相反的幽默。本活动不但能够引导幼儿发现绘本中的反义词，而且通过绘画、分享等教育策略引导幼儿扩充词汇量，并获得与同伴共同参与语言游戏的快乐。

二、活动目标

①理解反义词的含义，拓展词汇量。

②能够大胆进行散文的仿编，将反义词运用在棒棒天使与胖胖天使的游戏情境中。

③感受反义词游戏的乐趣，体会合作的快乐。

三、活动准备

①经验准备：幼儿会运用一些反义词。

②物质准备：视频、相反情景画、笔、魔法棒等。

四、活动重难点

①活动重点：理解反义词的含义，能较准确地说出一些反义词。

②活动难点：将不同的反义词运用在棒棒天使与胖胖天使的游戏情境中，进行散文的仿编。

五、活动过程

(一)游戏导入

师：小朋友们，你们知道什么是相反吗？今天玩一个“谁来和我做相反”游戏。当我做出一个动作后，请你们做出相反的动作，看看谁能做出来？

(二)观看视频，重温散文内容

教师出示散文中的主要人物的图片。

师：这篇散文叫什么名字？画面上有谁？它们长什么样子？有什么不一样的地方？

教师播放视频，带领幼儿回忆散文内容。

师：胖胖天使和棒棒天使一起玩了很多游戏，它们之间发生了哪些有趣的事情？

(三)在回忆散文内容中寻找反义词，理解反义词的含义

师：散文里有哪些有趣的事情？棒棒天使和胖胖天使一起玩了哪些好玩的游戏？请你完整地说一说。

师：这些游戏场景里都藏着反义词，你们能找到吗？这些反义词是什么？

师：你们理解什么是反义词了吗？

师：除了绘本中的反义词，你还知道哪些反义词？

(四)引导幼儿尝试进行散文续编

师：胖胖天使和棒棒天使又开始了新的旅程，它们可能会去哪里呢？它们会玩一些什么相反游戏？

教师依据幼儿的想象与仿编内容，进行绘画式记录，引导幼儿不断创造，并主动丰富画面内容。

师：请大家找一个好朋友，两个人合作帮助棒棒天使和胖胖天使开启新的旅程。看看这次它们会到哪里呢？玩一些什么样的相反游戏？

(五)分享介绍

师：哪组愿意来和大家分享你们为棒棒天使和胖胖天使设计的游戏？大家一起来找找，里面藏着的反义词是什么？

师：这次我们再来玩玩“谁能和我做相反”游戏，看看这次谁的反应快。

（案例提供：杲娜、王晓岚）

案例 4-35　大班散文活动：花园里有什么

一、设计意图

散文《花园里有什么》选自早期阅读绘本《幸福的种子》。该绘本使用彩色铅笔的画法，呈现出花园里绚丽缤纷的色彩与动植物多样的生存样态，引导幼儿感悟大自然的丰富与美好；同时通过活泼而俏皮的语言，引导幼儿调动各种感官来重新认识与发现周围生活中的奥秘，体会人与自然融合的无限美好。对于大班幼儿来说，他们自身已经具备了丰富的对大自然美好景象的感知经验，但可能只是片段式的、零散的。开展本活动，不但会重整幼儿对花园美景的经验，还能引发幼儿对美的细致感受、深度发现，并且会让幼儿不自觉地采用优美的语言来表达自己发现的各种美好事物。

二、活动目标

①初步理解散文内容，感受花园里的画面美与语言的有趣。

②充分欣赏散文，尝试运用散文中的语句表达自己印象深刻的画面。

③积极参与活动，自主表达对花园的感受。

三、活动准备

①经验准备：幼儿有去过花园的经验。

②物质准备：音频、花园场景图等。

四、活动重难点

①活动重点：感受花园里的画面美，并理解散文语言的生动有趣。

②活动难点：尝试运用散文中的语句表达自己印象深刻的一个画面或多个画面。

五、活动过程

(一)谈话导入活动

师：你去过花园吗？花园里美吗？你在花园里看到过什么？

(二)播放音频，在聆听中初步感知散文的语言

师：在散文中你听到了什么？你的头脑中出现了一幅什么样的画面？你喜欢这幅画面吗？

师：这个美丽的花园里有很多看得到的东西，也有很多看不到的东西。它们是什么？你觉得什么地方特别美？

(三)引导幼儿听音频并自主阅读散文，感受与欣赏散文的画面美

师：这个美丽的花园你们想不想去看看呢？我们一起读一读这本有趣的书吧！

师：看书时请你一边听一边找一找，在你喜欢的画面或者你觉得有意思的一页夹上一张书签，只能夹一页。

教师指导幼儿在阅读绘本后，自主用书签做标记。

(四)分享在阅读中感受深刻的散文内容

师：你觉得哪一页很有意思？有意思体现在哪里？它美吗？

师：这里面的……词是什么意思？谁能解释一下？这些发现你以前知道吗？

教师应有意识地根据幼儿的回答，将幼儿的语言提炼成散文中的句子。

(五)在动手操作过程中尝试表达散文中的优美的语言

师：今天，这个美丽的花园来到了我们班，请大家跟着散文的提示一起来找一找、说一说。

师：花园里看得到的是什么？看不到的是什么？

师：有些东西能看见，有些东西躲起来了，需要翻一翻、找一找才能看到。是什么呢？为什么要翻一翻才能看见？

师：有些东西有时能看见，有时看不见，要仔细等待才能发现，是什么呢？

师：还有些东西用鼻子闻不出来，用耳朵听不到。那是什么，猜猜看？

师：这些东西真的是看不见，但是也能被小朋友们发现。为什么？

(六)延伸与总结

师：这篇散文美吗？这个花园里最美的是什么？现在请你再想一想，除了这篇散文说的内容，你在花园里还有什么特别的美好发现？请你将你的美丽花园画出来，看看谁的发现与众不同。

(案例提供：王晓岚)

相关话题拓展资料

运用多种方式帮助幼儿感受散文的美

绘本一般通过图文并茂的方式来呈现内容，具有语言美和意境美的特点。教师应从画面的美、语句的美、意境的美等方面来向幼儿传递散文所要表达的主题。教师需要通过看、听、说等方式帮助幼儿理解绘本的画面内容，同时全方位感受绘本中的美。

一、看

教师带领幼儿翻看绘本，和幼儿认真观察，不断引导幼儿发现画面中美的地方。另外，观赏视频也是一种可以给幼儿带来视觉冲击的途径。幼儿在观看视频时能够更加专注地感受画面中流动的美，符合幼儿的年龄特点。

二、听

教师抑扬顿挫地朗读是表达散文美的重要途径。因此，教师要对散文内容很熟悉，并且能够准确地掌握散文所要表达的主题，能够在有感情朗读的同时及时捕捉到幼儿的需求，做出回应。

三、说

教师应在一日生活环节鼓励幼儿运用散文中的固定句式进行模仿与表达。同时，教师可以利用播放音频等方式，引导幼儿感受散文中的意境美。

四、感受

在开展散文活动时，教师应借助音乐、艺术等多种途径创建幼儿感受的途径。教师需要确保散文内容与音乐风格相一致，能够及时烘托出散文的美，促使幼儿展开想象，感受意境美。

五、表演

表演也是帮助幼儿感受美的途径，但非常考验教师对表演环节的把控。无论教学过程中的正式理解，还是角色扮演中的音乐、服装道具等的运用，都需要教师把握散文的风格特点。有意境、有目的的角色扮演能够帮助幼儿亲身体会，给他们带来更直观的感受。

六、想象

教师需要帮助幼儿将优美的散文具象化，以画面的形式呈现。这样有助于幼儿对散文内容的理解，也能让幼儿感受到散文中的美。

散文是一把打开幼儿眼睛、耳朵、心灵的钥匙。我们应让幼儿去发现美、感受美，陪伴幼儿一起在散文世界里快乐地成长。

第五节　早期阅读活动

一、 基本概念

早期阅读活动是指在学前教育阶段，成人借助绘本或其他读物，从兴趣培养入手，以看、听、说有机结合为主要手段，萌发幼儿喜爱图书的情感，培养幼儿的阅读兴趣，丰富幼儿的阅读经验，提高幼儿的阅读能力的活动。

作为早期阅读的对象，绘本在早期阅读中具有举足轻重的作用。绘本是一种专为幼儿设计，依靠一连串图画和为数不多的文字结合，或者完全没有文字，全靠图画来传递信息、讲述情节的图书。正因为绘本是以图画为主要表现内容，符合 3～6 岁幼儿的具体形象思维特点，因此被认为是适宜于学前阶段幼儿阅读与理解的图书。

绘本涵盖内容广泛，主要分为文学类、科学类这两大门类。这两大门类又可依据体裁的不同进行细致具体的划分。除了文学类、科学类外，绘本还包括概念书、字母书和玩具书等其他特殊的品种。不管是哪种门类，绘本都具有其共同的特征，即图画书的内容与画面是建立在全新的图文关系的基础上的；绘本的结构、页面与语言等细节体现在故事性状、主题形态、文字表达等方面，又都具有各门类的特征。因此，对绘本进行充分的阅读和欣赏，准确理解和把握这些特征，对于教师开展早期阅读活动具有重要的意义。

开展早期阅读活动，能够向幼儿提供有具体意义的、形象生动的阅读材料，帮助幼儿将阅读内容与口头语言联结起来，支持并鼓励幼儿产生对画面的观察、逻辑的思考、内容的联想、情节的推测，从而促使幼儿建构起对绘本内容的完整印象，产生对绘本深度阅读的兴趣，丰富幼儿的阅读经验，包括前识字与前书写经验。同时，早期阅读活动应关注幼儿的整体发展，以培养幼儿的阅读兴趣并使幼儿最终获得自主阅读的能力为主，不以孤立地识字为前提，在幼儿享受阅读的过程中自然而然地引发幼儿对汉字的理解，从而真正使绘本更好地为阅读服务。

二、 选材要点

（一）依据内容与类型选择绘本

教师可以根据幼儿的兴趣以及发展水平选择不同类型的绘本，使幼儿从不同类型的教学活动中获得不同领域能力的发展。教师可以选择丰富幼儿科学认知经验的科学类绘本，如《昆虫躲猫猫》《小机械立大功》；选择能够让幼儿获得生活哲理与教育意义的故事类绘本，如《彩虹色的花》《长颈鹿不会跳舞》；选择能够让幼儿感受到文学性语言美、画面美、意境美的散文类绘本，如《晚上》《下雨的味道》；选择帮助幼儿体会口语表达乐趣的诗歌类绘本，如《小胖小》。

（二）依据画面特点选择绘本

开展早期阅读活动旨在帮助幼儿养成阅读习惯、习得阅读方法，逐渐获得自主阅读的能力。教师在选择绘本时要注重理解与分析绘本的画面特点，分析绘本的画面是否能够引发幼儿的观察，如有内在的线索、引发幼儿猜测的画面等。教师还可依据不同年龄段幼儿的阅读能力进行选择。比如，小班可以选择色彩鲜艳、主题突出、情节简单、有一定重复内容的绘本；中班可以选择一些色彩比较鲜艳但故事情节不太复杂的绘本；大班可以选择画面、情节丰富，能够引发幼儿猜测、推理、思考的绘本。

三、 实施要点

（一）巧妙提问， 引导幼儿认真观察画面

绘本是利用图画与文字共同传递信息的儿童读物，对画面的仔细观察是促进幼儿理解绘本内容的基础。因此，在早期阅读活动中，教师可以运用关键性提问，引导幼儿仔细观察思考绘本的关键页面，引导幼儿找一找、说一说画面里有什么，想一想发生了什么事等。此外，教师还可以引导幼儿观察绘本中的人物动作、表情与符号，通过关键性提问引导幼儿感知、理解主人公的形象、行为以及情绪情感等，进而理解绘本页面与页面之间的联系，获得一定的阅读能力。

（二）适当留白， 支持幼儿自主阅读

在早期阅读活动中，当幼儿习得一定的阅读方法时，教师应适当留白，支持幼儿尝试自主阅读。教师可以依据对绘本内容的分析，鼓励幼儿进行独立阅读，以此支持幼儿将自己习得的阅读方法如符号理解、推理、比较等运用起来，提升幼儿的阅读能力。

（三）相互讨论与分享， 解读绘本内容

在幼儿的自主阅读之后，教师应当组织幼儿进行讨论，创设积极与热烈的

讨论氛围，鼓励幼儿将自己观察到的、联想到的、理解到的内容进行表达与分享，帮助幼儿结合自己的已有经验对绘本内容进行理解并达成共识。

（四）完整欣赏，奠定情感与认知基础

在早期阅读活动结束部分，教师可以组织幼儿完整欣赏一遍绘本的全部内容，以此帮助幼儿建构对于绘本的整体印象，理解绘本中的故事情节，感受故事内容的生动有趣与故事人物的特定性格，在视觉与听觉的联合作用下不断想象，与故事产生情感共鸣，进而激发幼儿对绘本的热爱，为幼儿再次自主阅读奠定情感与认知基础。

四、教学案例

案例 4-36　小班早期阅读活动：帐篷

一、设计意图

绘本《帐篷》中图片内容的选择贴近幼儿的生活。该绘本以小姑娘可可为主线贯穿始终，呈现可可一次一次将帐篷从家里拿出来，放在不同的位置，给故事的最后制造悬念，符合幼儿的阅读兴趣。对于3～4岁的幼儿来说，教师可以引导幼儿观察绘本中的画面，发现其中的联系。绘本中的事物是幼儿身边常见的，幼儿能够说出名称。为了提升幼儿的阅读经验，了解绘本中事物之间的联系和位置是关键。幼儿不仅要学会观察，还要在阅读中了解到绘本中每页和每页物品之间的联系，能够用语句表达出来。

二、活动目标

①初步阅读绘本，理解故事内容，知道帐篷的搭建过程。

②逐页阅读绘本，了解故事情节及发展线索。

③体会可可最终成功搭建帐篷的喜悦，体验游戏的乐趣。

三、活动准备

①经验准备：逐页翻看图书。

②物质准备：帐篷、绘本、课件等。

四、活动重难点

①活动重点：观察绘本画面，用语言描述画面中物品的摆放位置。

②活动难点：了解绘本每页之间的发展联系。

五、活动过程

（一）利用帐篷引入

师：小朋友们，看看这是什么啊？帐篷是什么样子的？它由哪些部分组成？

(二)通过观察帐篷梳理幼儿的前期经验

1. 利用绘本封面导入，引起幼儿的阅读兴趣

师：小姑娘可可也有个帐篷，你们看看有什么不同?

2. 介绍书名和故事人物，引导幼儿自由表达自己所看到的内容

师：可可的帐篷是什么样子的? 有哪些东西?

(三)共同阅读绘本

1. 阅读绘本的第 1 页

师：可可拿来了什么? 猜猜她把毯子放在哪里了?

2. 阅读绘本的第 2 页

共同验证：可可把毯子放在草地上。

教师引导幼儿回顾绘本的第 1 页，梳理语句“可可披在身上，拿来毯子，放在草地上”。

师：可可又拿来了什么? 是用什么动作拿来的? 你觉得她放在哪里了?

3. 阅读绘本的第 3 页

共同验证：可可把枕头放在毯子上。

教师引导幼儿回顾绘本的第 2 页，梳理语句“可可抱来枕头，放在毯子上面”。

师：可可拿来了什么? 是用什么动作拿来的? 你觉得她放在哪里了?

4. 阅读绘本的第 4 页

共同验证：可可把椅子放在枕头的旁边。

教师引导幼儿回顾绘本的第 3 页，梳理语句“可可拉来椅子，放在枕头旁边”。

师：可可又拿来了什么? 是用什么动作拿来的? 你觉得她放在哪里了?

(四)引导幼儿自主阅读绘本

教师提出阅读问题：可可又拿来了什么? 是用什么动作拿来的? 你觉得她放在哪里了? 拿来了几样东西?

教师引导幼儿巩固阅读方法，提醒幼儿正确翻书，用小手捏住书角，一页一页轻轻翻。

教师利用提问引导幼儿阅读绘本。

师：那可可拿来了什么? 是怎样拿来的? 你觉得她放在哪里?

(五)初步阅读后分享看到的内容

教师将幼儿的回答用图片的方式展示，用图片帮助幼儿回忆故事内容，逐页分析故事内容。

教师引导幼儿使用语句“可可……拿来了……放在……”回答。

(六)带领幼儿进行完整阅读

教师使用课件完整讲述，帮助幼儿理解故事内容。

教师引导幼儿掌握故事中的语言，使用语句“可可……拿来了……放

在……”进行表达。

师：可可怎样拿来了什么东西？放在哪里了呢？

（七）总结

师：可可用自己的想法搭建了属于自己的帐篷，你能体会到可可最终自己搭建成功的喜悦吗？

（案例提供：郭燮莹）

案例 4-37 小班早期阅读活动：蛇偷吃了我的蛋

一、设计意图

绘本《蛇偷吃了我的蛋》以蛋被蛇偷吃了为核心，讲述了鸡妈妈帮助鸭妈妈、鹅妈妈、乌龟妈妈找蛋破案的过程。该绘本突出了蛋的数量，以此为关键线索来暗示情节的发展，适于幼儿猜想与验证。故事情节简单，充满悬念，对话性语言不断重复。以此绘本为内容开展早期阅读活动，能够有效调动3～4岁幼儿对于蛋的经验、数数的经验，激发幼儿对绘本画面的观察与理解，大胆推测与验证故事情节，从而让幼儿获得绘本阅读能力的提升。

二、活动目标

①观察绘本画面，能根据画面中蛋的数量来判断所讲述的内容。

②尝试自主阅读，能够依据蛋的数量推测结局，理解故事情节。

③喜欢阅读绘本，喜欢听故事。

三、活动准备

①经验准备：幼儿具备逐页翻书阅读的能力。

②物质准备：课件、动物图片、绘本、视频等。

四、活动重难点

①活动重点：观察绘本画面，能依据画面中的重要信息推测故事情节。

②活动难点：自主阅读，依据画面信息判断蛇到底偷吃了谁的蛋，理解故事结局。

五、活动过程

（一）出示绘本封面，引导幼儿观察、猜测

师：老师今天带了一本绘本，讲的是关于蛋的故事。大家一起找找，蛋在哪里？有几个？封面上除了蛋，还有什么？猜猜这个蛋是谁的？

（二）播放课件，初步感知故事情节

师：鸡妈妈长什么样子？它在哪里？

师：鸡妈妈碰到了谁？这是一条什么样的蛇呢？它哪里很奇怪？它脖子那里怎么了？可能吃了什么东西？

师：蛇会吃了谁的蛋？鸡妈妈看见蛇吃了蛋，它的心情会怎么样？鸡妈妈去找谁了？它会对鸭妈妈怎么说？

师：鸭妈妈有几个蛋？我们一起数一数，蛋少了吗？蛇偷吃了谁的蛋呢？鸭妈妈会怎么办呢？

师：鸭妈妈去找谁了？它对鹅妈妈会怎么说？我们一起听一听。

师：鹅妈妈的蛋少了吗？鹅妈妈会怎么办呢？

师：鹅妈妈去找谁了？它会对乌龟妈妈怎么说？我们一起说一说。

师：乌龟妈妈的蛋少了吗？它们聚在一起是怎么说的？

(三)引导幼儿对动物图片进行排序，理解故事情节

师：刚才我们一起看了这本绘本。故事里都提到了谁，还记得吗？

师：我们一起来讲讲故事。鸡妈妈看见蛇偷吃了一个蛋，脖子那里鼓鼓的，它去找谁了？它对鸭妈妈是怎么说的？

师：鸭妈妈发现自己的蛋没有少，它又去找谁了？它是怎么说的？

师：鹅妈妈发现自己的蛋没有少，它又去找谁了？它是怎么说的？

师：乌龟妈妈发现自己的蛋没有少，妈妈们怎么办呢？它们是怎么说的？

师：妈妈们怎么知道自己的蛋没有少？它们都数过蛋，谁没有数蛋呢？

(四)鼓励幼儿自主阅读，理解故事的结局

师：动物妈妈们问了一圈，还是不知道蛇吃的是谁的蛋。那么蛇到底偷吃了谁的蛋呢？请你们把绘本读完，最后说说你们找到的答案。

师：你们发现了吗？蛇到底偷吃了谁的蛋呢？你们是从哪里看出来的？

师：鸡妈妈有几个蛋？现在剩几个？蛇偷吃了谁的蛋？

师：蛇吃的蛋后来怎样了？变成了什么？你是怎么知道的？

师：你们一边翻书一边听老师把故事讲完。

(五)观看视频，再次理解故事

师：你喜欢故事里的谁？谁是粗心的妈妈？请把这个故事讲给自己的妈妈。

（案例提供：王晓岚）

案例 4-38　中班早期阅读活动：奇怪的蛋

一、设计意图

绘本《奇怪的蛋》充满悬念与惊喜，画面形象生动，主题突出，使幼儿能够充分享受阅读的乐趣。绘本中的鸭子懂得坚持，有自信心、爱心，一直坚持做自己认为正确的事。绘本内容能够引发幼儿思考，让幼儿懂得要做有爱心、做事坚持不放弃的人。

二、活动目标

①乐于观察，大胆表述自己对故事的理解，体会角色的感受。

②尝试自主阅读，初步理解绘本的后半部分内容。

③感受阅读的乐趣，乐意与成人、同伴分享阅读到的内容。

三、活动准备

①经验准备：幼儿对下蛋的动物有一定的了解。

②物质准备：课件、绘本等。

四、活动重难点

①活动重点：仔细观察，大胆表述对故事中主要角色的理解。

②活动难点：通过自主阅读，理解故事结局。

五、活动过程

(一)出示绘本，观察封面，引发幼儿的阅读兴趣

师：今天我给大家带来了一本绘本，故事的名字叫什么？你是怎么知道的？从哪里看出来的？

(二)共同阅读，理解故事内容

师：故事里有谁？你认识它们吗？鸭子下蛋吗？它这时的心情会怎样？

师：鸭子找到什么样的蛋？看见这个蛋它怎么想？

师：其他动物看见这个蛋是怎么想的？它们有可能说什么？你是怎么看出来的？

教师根据幼儿的回答对故事内容进行梳理并进行提问。

师：这个时候鸭子会怎么想呢？

(三)阅读绘本的前半部分内容，观察小动物从蛋里孵出来的画面

师：鸟儿们都有了自己的宝宝，它们的心情怎么样呢？那鸭子呢？

师：鸭子的蛋能孵出来吗？你觉得会孵出什么？

(四)引导幼儿自主阅读，理解绘本的后半部分内容

师：鸭子的蛋孵出来了吗？孵出了什么？

师：鸭子的蛋是怎么孵出来的？它在孵蛋时做了什么事情？它的心情怎么样呢？

师：奇怪的蛋在孵出来的时候，其他动物看见后发生了什么？

师：最后奇怪的蛋孵出了什么动物？鸭子变成了谁的妈妈？

师：鸭子喜欢这个不一样的宝宝吗？

(五)引导幼儿讨论，感受鸭子对孵蛋的付出与坚持

师：这个蛋哪里奇怪？它与其他的蛋不一样的地方是什么？

师：这是一只什么样的鸭子？你喜欢这只鸭子的什么地方？

师：如果你是鸭妈妈，你会对你的鳄鱼宝宝说什么？如果你是鳄鱼宝宝，你又会对鸭妈妈说什么？

师：你喜欢这本绘本吗？你最想和同伴、老师、爸爸妈妈分享故事中哪些有趣的内容？

（案例提供：谷馨）

案例 4-39　中班早期阅读活动：山丘上的约会

一、设计意图

绘本《山丘上的约会》以玲玲和瓜瓜为主人公，通过描述它们在外形与生活习性以及想法方面的截然不同，创造了充满曲折与趣味性的故事情节。该绘本的画面表达富有张力，采用了对比夸张的方式，具有感染力。开展本活动，可以有效地提升幼儿的画面观察能力与理解能力，也能让幼儿自主感受与理解故事情节的幽默与趣味性。

二、活动目标

①能够在引导下仔细观察并理解画面内容。

②尝试自主阅读，能够联系前后的画面内容，理解故事的情节发展与结局。

③感受故事的幽默，体会自主阅读的快乐。

三、活动准备

①经验准备：幼儿有过跟随成人与同伴约会的经验。

②物质准备：绘本、黑板、视频等。

四、活动重难点

①活动重点：在理解绘本内容的基础上，理解绘本的前半部分内容。

②活动难点：通过自主阅读理解故事的情节发展，感受故事情节的有趣。

五、活动过程

(一)以提问导入活动

师：小朋友们，你们和自己的好朋友约会过吗？你们和谁去哪里约会过？

(二)引导幼儿进行集体阅读，理解绘本的前半部分内容

1. 出示绘本，观察绘本的封面与扉页

师：你在绘本上都看到了谁？它在做什么？太阳代表什么？山代表什么？

2. 阅读绘本的第 2 页至第 3 页

师：你在绘本上都看到了谁？它们在做什么？

提问后，教师讲述绘本第 2 页至第 3 页的内容。

3. 阅读绘本的第 4 页至第 5 页

师：玲玲在做什么呢？小朋友知道什么是笔友吗？(解释“笔友”的含义)猜一猜，瓜瓜在想什么呢？瓜瓜把玲玲想象成什么了？

4. 阅读绘本的第 6 页至第 7 页

师：玲玲在想什么？玲玲把瓜瓜想成什么了？

师：信是谁写的？你是从哪看出来的？

5. 阅读绘本的第 8 页至第 9 页

师：玲玲在做什么呢？你觉得它为什么要做这些事？瓜瓜在做什么？你觉

得它为什么要做这些事？

教师完整讲述故事。

6. 阅读绘本的第 10 页至第 11 页

师：它们去做什么了？去哪里赴约了？谁会先到山丘上？

（三）引导幼儿自主阅读绘本的后半部分内容，了解故事情节

师：你们猜一猜，它们能约会成功吗？它们如果约会成功，会发生哪些事情呢？

师：现在请你们开动脑筋，自己把这本绘本阅读完，然后告诉我玲玲和瓜瓜后来怎么样了。

（四）共同探讨故事情节

师：它们约会成功了吗？你是从哪里看出来的？

师：玲玲和瓜瓜约会顺利吗？为什么不顺利？你是从哪里看出来的？

师：它们都去了约会的地方，为什么会产生误会呢？产生误会时，它们怎么样了？玲玲为什么生气了？

师：我们一起来讲一讲它们约会时发生的故事好吗？

（五）引导幼儿欣赏视频，活动结束

师：这本书读起来有趣吗？你觉得哪里有趣？你对别的小朋友有没有误会呢？如果真的产生误会，我们应该怎么办呢？

（案例提供：王晓岚）

案例 4-40　大班早期阅读活动：长颈鹿不会跳舞

一、设计意图

绘本《长颈鹿不会跳舞》的画面色彩鲜艳，内容丰富，采取了一个页面多幅图的表现形式。该绘本主要讲述了长颈鹿在学跳舞中面对自己的缺陷，从自卑到自信的过程。该绘本的画面暗藏着故事的线索，容易引起幼儿的阅读兴趣。幼儿已具有一定的阅读经验，能够读懂画面之间的密切联系，关注角色的表情、动作变化等，从而理解故事前后的情节转折。此外，幼儿可以通过长颈鹿前后的变化理解故事所传递的核心价值，接纳不同的自己，保持属于自己的那一份自信。

二、活动目标

①能够仔细观察绘本的画面，发现画面间的联系，了解绘本内容。

②能够自主阅读，体会并理解长颈鹿由不会跳舞到会跳舞的心理活动过程。

③感受发现绘本中的细节信息所带来的乐趣。

三、活动准备

①经验准备：幼儿具有一定的自主阅读能力。

②物质准备：课件、故事场景图片、绘本、背景音乐等。

四、活动重难点

①活动重点：仔细观察绘本的画面，发现画面间的联系，学习读懂绘本。

②活动难点：在自主阅读后能分享个人的发现，并表达自己的理解与想法。

五、活动过程

(一)谈话导入活动

师：小朋友们，你们有没有很喜欢做，但是做得不太好的事情？如果你们做不好这件事，你们会怎么办呢？

师：今天，老师给小朋友们带来了一只长颈鹿。这只长颈鹿也有一件不会做的事，我们一起来看看吧！

(二)播放背景音乐，讲述故事，引导幼儿了解故事的开始部分

师：如果要它转个圈儿，你们猜它会怎么样？

师：你们看发生什么事了？小动物们都在做什么？长颈鹿去哪里了？为什么它要离开呢？

师：然而故事并没有这样结束，伤心的长颈鹿会怎么办呢？它学会跳舞了吗？

(三)引导幼儿自主阅读，讨论故事情节

师：后来长颈鹿都做了什么？它学会跳舞了吗？它是怎么学会的？

幼儿根据教师的提问线索进行自主阅读。

教师根据幼儿的回答，出示相应的图片，呈现后面的故事情节。

师：你在书里哪一页看到了长颈鹿会跳舞？你是怎么看出来的？它用什么方法学会了跳舞？它是自己学会的吗？它跳了哪些动作？

教师引导幼儿按照情节梳理图片的顺序。

教师带领幼儿共同讲述故事的后半部分。

(四)播放故事课件，完整讲述故事

师：你们喜欢故事里的谁？为什么？

师：这里面有没有小朋友不太喜欢的情节或者小动物呢？除了小蟋蟀鼓励长颈鹿，其他动物是怎么做的呢？你喜欢这些动物的做法吗？

(五)延伸活动

师：其实这个故事里面有一个小秘密，这只小蟋蟀在故事的第 1 页就出现了，它还在哪里出现过？它都做了什么呢？感兴趣的小朋友可以有空再去书里找一找！

（案例提供：梁超）

案例 4-41　大班早期阅读活动：石头汤

一、设计意图

绘本《石头汤》以三位禅师为主要角色，描述了三位禅师来到一个村庄而引发的一系列改变。绘本运用水墨画，将人物形象、画面色彩和细节意蕴表达出来；语言简洁明了，人物语气积极。幼儿在沉浸故事的同时悄然收获分享的道理。大班幼儿处于幼小衔接的准备阶段，合作意识逐渐增强。不仅如此，大班幼儿还能根据故事的部分情节或画面线索来猜想故事情节的后续发展。绘本设置的情节和表现方式能为幼儿所理解、感受并表达。本活动能发展幼儿的观察画面能力和逻辑思维能力，让故事在想象中完成衔接，在探讨中提升幼儿的语言能力，让幼儿感受文学作品的神奇之处。

二、活动目标

①观察绘本的画面，理解绘本内容。

②根据绘本的画面进行推测，敢于说出自己对故事情节的猜想。

③初步理解分享给人带来的幸福感受。

三、活动准备

①经验准备：幼儿有一定阅读和观察画面的经验。

②物质准备：课件、绘本等。

四、活动重难点

①活动重点：通过观察绘本的画面与情节推测，理解绘本内容。

②活动难点：理解绘本中的分享给人带来的幸福感受。

五、活动过程

(一)出示绘本封面，激发幼儿对绘本的阅读兴趣

师：你们都喝过什么汤？是用什么食物做的？

师：看一看这个汤是用什么做的呢？你觉得会好喝吗？为什么？

(二)逐页出示课件，引导幼儿观察画面并进行提问

师：你看到了什么？这三位禅师分别叫阿福、阿禄、阿寿。

师：这个就是他们要去的村子！你觉得村民会热情招待三位禅师吗？

师：我们来看看村子里的村民是什么样的？你觉得他们幸福吗？

师：三位禅师来到这个村庄，村民为什么要躲到家里呢？

师：这可怎么办呢？你觉得三位禅师在说什么？

师：发生什么事情了？村民们这个时候在做什么？

师：小女孩听说需要一口大锅，于是就拿来了自己家的大锅。可是为什么其他村民会把家里的食材都贡献出来呢？

师：你们觉得这个石头汤的味道如何？为什么？

师：你觉得他们现在幸福吗？是什么让他们变幸福了？

幼儿阅读绘本，教师完整讲述绘本。

(三)引导幼儿理解村民态度的前后变化，理解分享给人带来的幸福感受

师：还记得故事开始时村民是什么样子的吗？你觉得他们后来幸福吗？

师：为什么幸福？他们是怎样分享的？

(四)展示课件，说出绘本的美妙之处

师：你喜欢哪一页或者哪个部分？请你说明一下理由。

（案例提供：王麒）

案例 4-42 大班早期阅读活动：十朵小云

一、设计意图

《十朵小云》为一本无字绘本，绘本中的人物动作和表情极为丰富，细节中暗藏着前后画面的联系。该绘本的故事情节连贯，内容有趣、易懂，容易引发幼儿的阅读兴趣，非常适合开展幼儿早期阅读活动。大班幼儿已有较强的画面观察能力，能够关注画面中的细节及画面间的联系，有着丰富的想象力和创造力，能够通过观察发现故事中小云的变化，梳理出故事的主要线索，从而理解绘本内容。绘本阅读能够促进幼儿自主习得阅读方法与策略，并与同伴分享自己的阅读收获，从而促进幼儿的自主学习。为此，我们设计了本活动。

二、活动目标

①能够仔细观察多图并列的画面，了解多图并列画面的内容与阅读方法。

②通过自主阅读，发现多图并列画面之间的联系，自主描述不同小云的故事。

③喜欢阅读活动，积极探讨绘本的特点与阅读方法。

三、活动准备

①经验准备：幼儿具备自主阅读的习惯。

②物质准备：课件、绘本等。

四、活动重难点

①活动重点：观察绘本的画面，了解画面之间的联系，了解绘本的故事情节。

②活动难点：自主阅读后能分享个人的发现，讲述自己理解的绘本内容。

五、活动过程

(一)出示绘本封面，以谈话导入活动

师：这本绘本叫什么名字？你是怎么知道的？猜猜可能讲了小云的什么事情？

师：这是一本无字绘本，你们能读懂吗？

教师鼓励幼儿尝试阅读无字绘本。

（二）引导幼儿尝试自主阅读绘本

教师播放音乐，幼儿自主阅读。

师：刚才试着读了读，你们都读懂了吗？都读到了什么？

师：绘本的第2页至第3页讲了小云的什么事情？谁能够尽量完整地说一说？先发生了什么？后来怎么样了？

教师引导幼儿讨论、补充、提问。

师：绘本的第4页至第5页讲述了一件什么事情？故事情节是怎样的？是这样的吗？谁还有不同的意见？你们认可谁的意见？

师：绘本的第6页至第7页讲述了第几朵云的故事？故事情节是怎样的？结果怎样了？

（三）梳理总结阅读绘本的方法

师：这种无字绘本我们应该怎么读呢？

师：多图并列的画面我们怎么才能看懂？大家有什么好方法？

（四）引导幼儿继续自主阅读

幼儿回座位自主观看绘本，教师巡回指导。

师：请大家自主进行绘本阅读，这次你可以仔仔细细地反复阅读。在读的时候，如果你看到自己特别感兴趣的故事，或者发现了读不懂的内容，可以在书页上贴上书签，一会儿大家一起讨论与分享。

师：你们知道后面发生什么事了吗？其他的小云怎么了？你喜欢哪朵小云的故事？

幼儿集体自由回答。

师：你想说几朵云的故事？在哪几页？还有谁也喜欢这两页小云的故事，大家一起来讲一讲。

教师引导幼儿自主回答。

幼儿自主展示自己感兴趣的绘本页面后，尝试完整讲述故事。教师对讲完的云朵的故事进行补充提问。

（五）活动结束

师：今天10朵小云的故事讲完了吗？还剩几朵小云的故事没有讲？故事的结局到底怎么样了呢？请小朋友在自主活动时间继续分享阅读感受。

（案例提供：梁超、王晓岚）

相关话题拓展资料

多元化的早期阅读活动策略

幼儿虽然可以通过视觉直接感知绘本的某些画面的意义，但是要独立读懂绘本、准确读出绘本所表达的内容，也是不容易的。所以，幼儿欣赏和接受绘本中的内容绘本仍然需要教师给予一定的指导与帮助。教师应找到适合他们的阅读方法，引领他们愉快地走上阅读之路。

一、引发矛盾式提问，深入理解故事内容

在早期阅读活动中，教师的提问对于幼儿有着重要的指导作用。对于幼儿来说，深入理解故事内容就要从发现故事中的矛盾出发。引发矛盾式提问就是教师在提问时有意识地引导幼儿发现故事中的矛盾，之后针对矛盾展开思考，从而激发幼儿深入理解故事内容。然而，初次分析故事内容时，幼儿较难自主发现故事中的矛盾。例如，在阅读《白羊村的美容院》时，教师请幼儿看一看画面上都有谁，并问道："你们看看这是谁啊?""我怎么没看出是白羊?""跟我们平时见到的白羊有什么不一样?""为什么不一样?"通过一连串的矛盾式提问，幼儿理解了"美容"的含义，于是继续往下猜测、探索。

可见，在教师的引导下，幼儿能一下子抓住故事中的矛盾所在，从而根据矛盾继续深入理解故事内容。在自主阅读一本新书时，幼儿开始能够有意识地先找一找故事中哪些地方是前后矛盾的，然后重点思考这些矛盾，以便较轻松地自主理解故事内容。

二、利用故事情节表格，梳理故事脉络

对于幼儿来说，绘本的故事情节性更强，他们初次阅读时不容易一下子抓住故事的主要脉络，理解起来比较困难。因此教师可以尝试使用故事情节表格来帮助幼儿梳理故事脉络。

故事情节表格就是把复杂的故事情节简化成几个部分，然后将绘本中的图片呈现在表格中，方便幼儿理解故事情节。例如，在阅读《小鲸游大海》中小抹香遇到大乌贼这一段故事时，考虑到鲸鱼妈妈对小抹香做了多件事，情节较为复杂，教师应使用故事情节表格帮助幼儿理解故事内容。教师将有关小抹香遇到的困难、鲸鱼妈妈的做法以及小抹香的心情的图片呈现在表格中。幼儿看着表格就能较清晰地理解故事情节的发展过程了。然后结合绘本中的文字理解，幼儿就能把握故事脉络了。幼儿能更直观地看到抹香妈妈在小抹香遇到危险后做了哪些事情。

运用此策略，教师能够与幼儿共同梳理故事脉络。呈现在表格以后，复杂的故事情节就变得简单、易理解了。幼儿对故事情节的感受也更加直观，思路也会跟着变得清晰起来。

三、利用体验式阅读，感受故事情节

绘本以其丰富的内容和生动的情节一直深受幼儿的喜爱，但是故事中的有些情境光靠教师的讲读似乎并不能完全体现出来，使幼儿理解起来就稍有困难。因此教师应尝试引导幼儿通过体验式阅读来感受故事情节。

体验式阅读就是挑选故事中某些难理解的情节，请幼儿扮演其中的角色，通过师幼以及幼儿之间的互动来感受其中愉快或紧张的气氛。这一策略尤其适用于阅读故事中角色形象鲜明的绘本，教师需要引导幼儿理解故事中的气氛。例如，在阅读《快腿儿的早餐》时，为了让幼儿理解遇到大野猫后的紧张气氛，教师请幼儿来扮演大野猫："想一想，如果你是大野猫，你会怎么做?"小驰手指张开放在嘴边，故意说出很粗的声音："嗷！我是大野猫，我要吃了你们!"彦博也来表演："我要把你们全都吃了!"接下来，教师请其他幼儿扮演快腿儿："想一想，如果你们是快腿儿，听到大野猫这么说，你们会怎么办?"这回晓涵来扮演大野猫，只见她一叉腰，瞪着眼睛说："嗷！我要吃了你们!"这时其他幼儿感受到紧张的气氛，有两人抱在一起的，也有钻到桌子底下的，还有捂上眼睛的……只有小驰坐在椅子上没有动，表情很轻松。他看看身边的其他幼儿，大声告诉他们："不用怕，咱们有断尾巴的本领啊!"这时其他幼儿也点点头，回到了自己的座位上。通过体验式阅读，幼儿理解了遇到大野猫后的紧张气氛，在提醒下也理解了壁虎断尾本领的好处。

这种体验式阅读的策略让幼儿扮演故事中的角色，一起游戏、一起面对困难，感受他们的心理变化，从而更好地理解故事内容。

四、运用"心情纸条"，记录阅读时的心情，体验人物的心理活动

对于情节较复杂的故事来说，角色的心理活动是故事的精彩之处，但也是幼儿理解的难点。有时幼儿甚至会记住了这里、忘了那里，影响了故事理解的连贯性。因此教师应使用"心情纸条"的策略来帮助幼儿记录即时的心情。

在阅读过程中，用不同颜色的"心情纸条"及时记录自己阅读时的心情，类似于夹条法。"心情纸条"的策略即在纸条上画上红色或蓝色的"心形"，以此来区分两种不同的心情：红色为暖色，给人温暖的感觉，代表高兴的心情；蓝色为冷色，给人冰冷的感觉，代表伤心的心情。幼儿在阅读时可以根据颜色的区别来记录不同的心情。

例如，在《小鲸游大海》的第二次阅读活动中，教师请幼儿想象自己就是小抹香，一起和鲸鱼妈妈游大海。在游大海的过程中，教师引导幼儿用"心情纸条"的策略及时记录在遇到大乌贼时，看到妈妈的做法后自己的心情是什么样的。大部分幼儿在鲸鱼妈妈咬住大乌贼的手、带小抹香换气、用手掌托住小抹香的身体让它休息等几页中夹了红色的"心情纸条"，在鲸鱼妈妈一边看着小抹香一边与敌人斗争这一页夹了蓝色的"心情纸条"。可见，幼儿能够较好地理解小抹香当时的心情变化。这为幼儿理解鲸鱼妈妈的爱做好了铺垫。

五、使用形象化的教具，理解故事内容

幼儿在最初的阅读中对于静止的画面并不是一开始就感兴趣的。特别是在这个信息高速发展的时代，随着幼儿所接触的电子设备越来越多，如何让绘本

发挥其独特的价值，让幼儿爱上阅读呢？教师应尝试利用形象化的教具去吸引幼儿的阅读兴趣。例如，在阅读《爱吃水果的牛》时，教师制作了一头漂亮的奶牛，在奶牛的肚子上贴了许多水果，并将水果隐藏起来，然后让幼儿猜奶牛的肚子里藏的是什么。最后教师打开隐藏的部分。在幼儿惊喜地看到许多水果以后，教师告诉幼儿这是一头“爱吃水果的牛”。这样引出了故事的主人公，激发了幼儿的阅读兴趣。

教师通过制作形象化的教具，使幼儿获得不同的阅读体验，满足了幼儿阅读的多元化需求，从而消除了幼儿在阅读过程中产生的乏味、枯燥感受，提高了幼儿的阅读热情和兴趣。

六、利用提问质疑，引发对故事内容的主动思考

这种策略是让幼儿在阅读的过程中，通过仔细观察绘本的画面，发现画面中的不合情理或看不懂的地方，并以夹纸条的形式留下记号，之后通过反复阅读，逐步理解故事内容；或者通过同伴、小组之间交流的方式提出自己发现的问题，共同解决。对于那些共同质疑的问题，教师要引导幼儿进行讨论，以逐步提高幼儿的阅读能力和解决问题的能力。

在《花园里有什么》的阅读活动中，教师给每一桌幼儿准备了一些细长的纸条，请幼儿把绘本画面中看不懂的页码夹上纸条留下记号。教师统计出幼儿夹纸条的平均数量是 8 个，并发现幼儿在观察画面、分析画面时不会找出画面之间的联系。他们发现的问题都是浅层的问题，而非线索或关键问题。幼儿似乎只是完成夹纸条的任务，而根本没有达到仔细观察画面的理想效果。因此，第二次运用此策略时，教师给幼儿提出了新的要求：阅读完第一遍，夹好纸条标记之后，再对这些页码的内容进行第二遍阅读，看能否帮助自己解决一部分问题。如果解决了，就将纸条撤出；如果没解决，纸条继续保留，最后再与同伴交流分享。

这一次幼儿夹纸条的平均数量是 3 个，而且问题的有效性和难度系数提高。幼儿有七八种猜测，而且答案不再是脱口而出了。这种提问质疑的策略给幼儿提供了充分的思考空间，并提高了幼儿的自我认可度。它促使幼儿的注意力自然地从文字转移到了画面上，这也许是其功劳所在。

七、利用操作体验活动，加深对故事内容的理解

对于幼儿来说，操作体验活动能够帮助幼儿学习和获得知识。幼儿的知识经验更多的是靠自己动手探究学习的。在反复阅读绘本的过程中，幼儿的阅读兴趣也会随之减少，因为仅仅阅读绘本已经不能满足幼儿的需要，不能激发他们深入学习。为此，在阅读活动中给幼儿充分的操作体验和感受，能够吸引幼儿对绘本的学习，更好地帮助幼儿理解绘本内容。例如，在《泥土好可爱》的阅读活动中，幼儿已经了解泥土的特性，但每次阅读的时候发现幼儿对于“可爱”

一词的感受不深刻。

教师可以为幼儿提供泥土，让幼儿分组对泥土进行操作。幼儿根据绘本中提到的泥土特性进行了操作和体验，将泥土揉一揉、捏一捏、踩一踩，在讨论中发现了很多绘本中没有提到的泥土的样子。因此在阅读活动中，加入一些操作体验活动，可以帮助幼儿更好地理解绘本内容，而且能让幼儿在快乐中学习和成长。

八、联系生活经验，感知绘本体现的思想与情感脉络

在阅读活动前，教师要先有目的地组织幼儿提前进行实景观察，然后让幼儿从大自然或生活中得到美的启迪，使幼儿在轻松愉快的活动中积累一定的感性知识，并有感于大自然或生活中的美而激发学习兴趣。同时，教师请幼儿回家观察晚上与白天的不同，和父母找一找哪里不同；回来后和同伴一起交流看到的晚上是什么样子的、都有什么。有的幼儿说晚上很黑，有的幼儿说晚上需要开灯。还有幼儿说晚上爸爸开车时需要开车灯，要不然看不见路。这样联系幼儿生活经验的阅读活动能使幼儿畅所欲言，便于幼儿对绘本内容的理解。

幼儿自主阅读能力的培养是幼儿园早期阅读活动的长期目标。教师只有真正了解了幼儿在早期阅读活动中存在的问题，加以分析、判断，才能够从长期目标着眼，从细微之处着手，有的放矢地帮助和引导幼儿开展早期阅读活动，最终发展幼儿的自主阅读能力。

第五章 五大领域教育活动的语言培养

儿童的发展是一个整体，要注重领域之间的相互渗透、整合。幼儿的语言发展贯穿语言领域，也对其他领域的学习与发展有着重要的影响：幼儿在运用语言进行交流的同时，也在发展着人际交往能力、理解他人和判断交往情境的能力、组织自己思想的能力。在五大领域教育活动开展的过程中，教师如果能够重视幼儿的语言表达，将其作为幼儿重要的沟通途径与表达方式，既能够顺畅组织活动，促进幼儿获得各领域的核心经验，也能够真正提升幼儿的语言表达能力。

第一节 发挥语言在各领域教育活动中的作用

一、 语言在艺术活动中对幼儿艺术想象力发展的支持作用

学前时期是幼儿艺术想象力发展的萌芽时期。在这个时期，幼儿对丰富、有趣的艺术活动很感兴趣，他们喜欢涂涂画画、唱唱跳跳等。因此，开展艺术活动时，教师可以通过有意识地呈现有趣、有视觉冲击力、蕴含丰富想象的作品，鼓励幼儿感受与欣赏、表达与创造；激发幼儿分享自己的感受、表达自己的想法、说出自己强烈的愿望。

教师要倾听幼儿艺术表现的想法，理解并尊重每个幼儿的意愿，不用简单的好与不好来进行评判，采用正面的积极回应，更好地支持幼儿表达的意愿。教师还要从艺术领域的专业角度进行浸润，将艺术词汇自然而然地融入活动，在提升幼儿艺术能力的同时促进幼儿艺术语言的萌发。

案例 5-1 小班美术活动：好神奇的石头

一、活动背景

本美术活动的设计来源于对绘本《好神奇的石头》中美术元素的挖掘。该绘本中没有故事情节，只是运用一块小石头的造型，在左页上描述石头颜色的变化，如灰色、黄色、玫红色、咖啡色等，在右页上呈现了一个石头样子的洞洞，

辅以简单的添画。这样翻页时可以把颜色和添画组合在一起。幼儿通过翻看能够了解到石头可以变成许许多多的东西。绘本的添画蕴藏着小石头的多样变化，可以激发幼儿的想象，也蕴含着多种美术绘画的表达，是适宜幼儿模仿与制造的。为此，本活动特意以该绘本的内容为原型，设计了能够让幼儿阅读与动手制作的活动。

二、活动目标

①愿意阅读绘本，能够依据圆形石头的颜色，大胆猜测圆形石头可以添画后的物品，主动表达自己的想象。

②敢于模仿绘本的添画方式，尝试动手在圆形石头上用水彩笔、棉签等进行添画与绘制，形成一个新的物品。

③体验美术活动的乐趣。

三、活动准备

①经验准备：幼儿有对简单图形添画的经验。

②物质准备：提前制作的正方形绘本，用不同颜色的纸剪成的石头造型，水彩笔、蜡笔、棉签等。

四、活动重难点

①活动重点：对石头状的图形进行想象。

②活动难点：能主动将想象的物体用多种添画的形式表现出来。

五、活动过程

（一）开始部分

师：瞧，老师手上的是什么啊？这可是一颗很神奇的石头！它神奇在哪里呢？请小朋友们看一看。

（二）基础部分

1. 欣赏自制绘本

教师引导幼儿依据圆形石头的颜色，大胆猜测圆形石头可以添画后的物品。

师：这个石头是什么颜色？请你猜猜看，蓝色的石头会变成什么呢？原来是条小鲸鱼。

师：看一看、说一说，石头是怎么变成鲸鱼的呢？

教师请幼儿依据观察，说一说鲸鱼是在石头的基础上添加了哪些东西。教师依据绘本用水彩笔和蜡笔在底图蓝色的石头上做示范。

师：你们猜猜，石头还能变成什么？

师：瞧，石头一转身，又变成什么颜色了？

师：这下它会变成什么呢？——黄色石头怎么变成了一个鸭梨？

教师继续请幼儿观察鸭梨的外形，说一说是怎样在黄色石头上添画的。

教师引导幼儿再次欣赏绘本。根据石头颜色的变化，幼儿大胆想象、猜测石头的变化，主动表达自己的想象。

师：我们的石头神奇不神奇啊？我们可以用水彩笔、棉签等工具把它变成很多东西，你们还记得它变成什么了吗？这次我们一起来看一看、说一说。

师：书看完了，石头还有更多的颜色，可以变成更多东西。请小朋友想一想，它还会变成什么呢？

师：请小朋友举手，挑一个你最喜欢的颜色来告诉老师你想把它变成什么。我们一起来试一试！

2. 动手制作

教师引导幼儿在石头上用水彩笔、棉签等进行添画，把石头装饰成一个新的物品。

师：小朋友快看看，神奇的石头来找小朋友了，它就在你们的凳子底下。

师：现在请小朋友当魔术师，用我们刚才学到的方法让神奇的石头变身吧。

师：请你看一看、想一想，你想把石头变成什么呢？我们一起动手吧！

教师巡回指导，依据幼儿所拿石头的颜色，请幼儿说出自己的想法，对动手有困难的幼儿给予一定的轻声示范与讲解等帮助。

（三）分享交流，体验美术活动的乐趣

1. 引导幼儿看一看、猜一猜

师：好了，现在我们可以用这张纸把自己的作品盖起来。一起来看一看、猜一猜，我们把不同颜色的石头变成什么了？

2. 鼓励幼儿相互竞猜游戏：猜猜我的石头变成什么了

师：你可以找一个好朋友，相互看一看、说一说你把石头变成什么了。

结束：我们的魔术师把神奇的石头变成了小动物、小汽车等，你们的想法可真多。老师把小朋友的石头画订起来，就是一本新的绘本。把它放在图书区，大家可以一起来阅读。

（案例提供：马鸣）

二、 语言在数学活动中对幼儿思维发展的支架作用

数学活动需要借助生活情境来开展。教师在开展活动时往往需要使用情境性语言与数学逻辑语言。情境性语言是为了引发幼儿能够更好地参与到活动中，同时能够更好地理解活动的方法与规则。数学逻辑语言对接数学领域中的多个核心经验，需要教师一方面通过集体操作和讲解等方式，让幼儿理解数学核心经验；另一方面通过支持幼儿操作并自主记录或讲述操作过程与结果等方式，厘清幼儿的逻辑推理顺序，更好地巩固幼儿的数学概念，为幼儿的数学学习奠定基础。

案例 5-2 小班数学活动：小瓢虫找妈妈

一、设计意图

在小班下学期，我们发现幼儿对点数产生了浓厚的兴趣：幼儿会在早晨来园的时候学着老师的样子，自发点数有几个伙伴挂上了小毛巾，植物角有几条小鱼，益智区的墙上有几只小鸟等。对于数量少的物体，幼儿能够运用目测的方法说出正确的数量。但是当数到 4 个以上的数量较多的物体时，由于幼儿没有掌握点数的正确方法，他们经常会出现漏数、多数等现象，也不能够准确地说出总数。

《指南》提出，小班幼儿能手口一致地点数 5 个以内的物体，并说出总数。这要求幼儿在点数的过程中掌握正确的点数方法，能够做到不漏数、不多数。为此，我们设计了本活动，希望幼儿通过与教具互动，学习点数的正确方法，避免漏数、多数和错数。本活动在小班下学期开展，结合本班幼儿的情况，特意将点数物体的数量调整为 3～6。这样可以贴合大多数幼儿的学习经验，也为幼儿升入中班后学习更多量的点数做好准备。

二、活动目标

①初步感知、理解 6 个以内物体的量。

②学会手口一致地点数 6 个以内物体的量，并说出总数。

③积极参与游戏，愿意运用数数的方法解决游戏中的问题。

三、活动准备

①经验准备：听过小蝌蚪找妈妈的故事；能够按照数字顺序唱数 1～6。

②物质准备：小瓢虫衣服、小瓢虫胸卡、大瓢虫衣服、糖果箱子等。

四、活动重难点

①活动重点：在游戏中能够用手口一致的方法，准确点数出小瓢虫身上点的数量。

②活动难点：在正确点数出小瓢虫身上有多少个点后，能够说出点的总数。

五、活动过程

(一)情景引入，引发幼儿参与活动的兴趣

师：小朋友们，你们听过小蝌蚪找妈妈的故事吗?

师：今天我们班来了一只小瓢虫，它也找不到自己的妈妈了。我们一起去帮助它找妈妈吧!

师：小瓢虫和妈妈长得一个样儿。小瓢虫身上有 5 个点，所以它的妈妈身上也有 5 个点。小瓢虫宝宝们，我们一起去找妈妈吧!

(二)开展集体游戏——小瓢虫找妈妈，引导幼儿学习点数的正确方法

1. 在游戏中准备点数，学会确定“1”的位置

教师和幼儿共同飞到助教老师的身边分散站开并提问助教老师。

师与幼：你好，你是我们的妈妈吗？

助教老师：你们数一数我的身上有几个点？和你们身上的点一样多就是你们的妈妈。如果不一样多，我就不是你们的妈妈。

师：那我们一起来数一数吧！我们从哪个点开始数呢？

师：好的，那这个就是1的位置，我们从这里开始数。

2. 在游戏中准备点数，确定点数的方向

师：那你们再看看，我们从哪边往哪边数呢？

师：从上往下数对吗？好的，那我们一起试一试吧！

师：把你们的小手拿出来，我们一起指着小瓢虫身上的点，点一下、数一下，点一下、数一下。

3. 在游戏中点数，讨论说出总数的方法

师：这个小瓢虫一共有几个点？

师：你是怎么知道这个小瓢虫一共有3个点的呢？

师：因为数到最后一个数字，它就是总数！这个小瓢虫我们总共数到了“3”。所以这个小瓢虫一共有3个点对不对？

(三)带领幼儿共同游戏，帮助不同的小瓢虫找妈妈

师：那还有几只小瓢虫，我们一起去问一问，它们是几星瓢虫？

师：大家用手指点着小点，点一个、数一个，最后的一个数字是……

师：这只小瓢虫是几星瓢虫呢？

(四)集体游戏：给六星瓢虫找妈妈

师：听一听，我好像听到了哪里有哭的声音？让我仔细听听。

师：原来这些小瓢虫也想找到自己的妈妈。你们愿意帮助它们找妈妈吗？

师：我们一起来看看它们身上都有几个点？它们的妈妈是几星瓢虫呢？

师：我发现这里还有一只这样的瓢虫，它的身上有这么多的点！让我们一起数一数。

师：原来它是六星瓢虫的妈妈啊！这么多的点，我们一定要点一下、数一下，点一下、数一下，才能够把它数清楚呢！

(五)分散游戏，请幼儿帮助六星瓢虫找妈妈，指导幼儿点数

师：六星瓢虫的妈妈说，我还有好多的宝宝没有回家。你们快去帮助小瓢虫宝宝们找到自己的妈妈吧！

师：找到了吗？我们一起来数一数，你手中的小瓢虫宝宝是不是有6个点？

(六)结束部分

师：小瓢虫宝宝和妈妈非常感谢你们，它们给你们送来了很多的糖果。每个小朋友来取一把糖果，然后请你数一数你们手里有几颗糖果。

（案例提供：熊秋爽）

三、 语言在社会活动中对幼儿经验梳理的促进作用

语言是社会交往的工具，也在幼儿自身的社会交往中有着重要作用。开展社会活动时，教师要调动幼儿的已有经验，提出能够引起幼儿思考并产生共鸣的问题，鼓励幼儿积极表达自己的想法。这样幼儿能够在倾听他人表达的同时，学会尊重他人的意愿，吸取他人好的想法，丰富自己已有的社会交往经验，并将其应用于类似的社会情境当中。因此，教师需要具有较强的互动意识，用提问的方式促进幼儿从表面现象中抽丝剥茧看见与理解实质，帮助幼儿从自己与他人的互动中发现、归纳、总结出有效的互动方法。这个过程既发展了幼儿的语言表达能力，也促进了幼儿的社会性发展。

案例 5-3 大班社会活动：一分钟怎样过

一、设计意图

在大班下学期，幼儿即将升入小学，应当为入小学做好准备。在对幼儿的观察中，我们发现本班大部分幼儿具有做事积极、认真专注的学习习惯。但是在日常生活中，部分幼儿还会存在做事较为拖沓、不会抓紧时间提高效率的现象。正是基于部分幼儿的实际表现，我们特意设计了"一分钟怎样过"的社会活动，目的在于让幼儿通过积极的体验与主动的表达，理解只要全力以赴就能在一分钟内完成更多事情的道理，由此懂得珍惜时间。这样能帮助幼儿初步树立合理管理时间的意识，同时养成良好的生活与学习习惯。

二、活动目标

①乐于参加有关"一分钟"的体验活动，能用语言较为清晰完整地表达自己在体验中的各种感受。

②在体验"一分钟"的过程中懂得个人进步与自己的努力息息相关的道理。

③知道在以后的小学生活与学习中要珍惜时间，做事不拖沓，把握好每一分钟。

三、活动准备

①经验准备：幼儿有动手夹豆的经验。

②物质准备：闹钟、计时器、多米诺骨牌、串珠、纸杯、筷子等。

四、活动重难点

①活动重点：愿意参加有关"一分钟"的体验活动，能用语言较为清晰完整地表达自己在体验中的各种感受。

②活动难点：在体验"一分钟"的过程中明白个人进步与自己的努力息息相关的道理。

五、活动过程

(一)出示闹钟，引出话题，激发幼儿的参与兴趣

师：小朋友们，你们认识时钟吗？你们知道一分钟有多长吗？

师：今天，我们一起来玩两个游戏，真实地感受一下一分钟到底有多长，说一说你们有些什么感受。

(二)引导幼儿感知"一分钟"，对比两次游戏的亲身体验

1. 体验第一个游戏：木头人

师：好了，刚才木头人的游戏玩完了。你觉得刚才玩游戏的这一分钟时间长吗？

师：为什么你会觉得这一分钟的时间很长？我们要完成这个游戏，什么事情最重要？

2. 体验第二个游戏：观看动画片《海洋奇缘》

师：看完这个一分钟的动画片，你觉得看动画片的这一分钟时间长吗？为什么？

师：你们对自己在玩木头人的"一分钟"和看动画片的"一分钟"有什么不一样的感受？

师：为什么同样是一分钟，我们的感觉却不一样呢？

教师总结：同样是一分钟，我们的活动状态不一样时，感受也有很大的不同。我们在集中注意力等待、全身紧张时会觉得时间很长；在身心非常轻松、非常快乐时就会觉得时间很短。

(三)引导幼儿了解做事的结果与自己的努力息息相关的道理

1. 引导幼儿尝试完成自己的"一分钟"任务

师：刚才我们是用集体游戏的方式共同体验了一分钟。那么你们想不想体验一下自己在"一分钟"的时间里都能完成一些什么任务呢？

师：老师有摆多米诺骨牌、串珠、夹豆子、叠杯子四种游戏。你觉得自己可以在一分钟之内摆几块多米诺骨牌？穿多少颗珠子？夹几颗豆子？叠几个杯子？

师：大家可以依据自己的想法选一项任务来完成。完成任务时要只选择一种游戏材料；独立完成；不要干扰别人；听信号开始和结束游戏，相互监督；数好自己完成的数量。

2. 请幼儿分组来分享自己的任务完成情况

师：谁是多米诺组的小朋友，请大家站成一排，说一说你在一分钟里摆了多少块多米诺骨牌？

教师依次请各组的幼儿说说自己在一分钟里的任务完成情况。

师：这里有一个非常奇怪的现象。大家都在同一个组用了同样的一分钟，

为什么有的人完成的多？有的人完成的少呢？

师：我想请完成得多的人说说，你采用了哪些方法让自己做得比较多呢。也想请完成得少的人说说，你觉得自己刚才在哪里没做好，所以就完成得少一些。

师：好了，如果请你们再来完成一次同样的任务，你觉得自己应该注意哪些地方就能取得更好的成绩？

总结：要想取得更好的成绩，我们要在听指令时更专心、取材料时尽量快速、操作时更细心、遇到困难时主动调整方法。这些都是需要注意的地方。

3. 鼓励幼儿再次挑战自己的“一分钟”，对比自己的成绩

师：现在请大家再来挑战“一分钟”任务，把刚才说的方法都用进去。你们敢不敢向自己发起挑战呢？

师：好，请听好本次游戏的规划——选择与上一次同样的材料；独立完成；不要干扰别人；听信号自觉开始和结束游戏，相互监督；记录好完成的数量。

4. 请幼儿再次分组分享自己本次的成绩，对比成绩说出自己的感受

师：与上次相比，你进步了吗？你是怎么进步的？

师：这组取得进步的有多少人？你们在哪些地方进行了改进，所以有进步？

师：刚才大家前后两次的“一分钟”挑战，你觉得自己有什么收获？你成功了吗？这次挑战告诉我们平常做事、完成任务、学习的时候都需要注意什么。

总结：挑战成功告诉我们，哪怕只是一分钟，只要我们利用好，全力以赴地做，就可以做得更多。大家好好利用每一分钟，认真做事，尽量不拖沓，全力以赴，就会越来越棒！你把这个好方法带到小学，就会成为一名优秀的学生。

(四)延伸活动

师：一起来观看视频里的人物，看看他们的成功是通过什么方法获得的？

(案例提供：王晓岚)

第二节　各领域教育活动给予及时充分的语言互动支持

一、创设自由宽松、平等尊重的语言环境，激发幼儿语言表达的愿望

无论开展哪个领域教育活动，幼儿都需要通过语言来表达个人的想法、意见、思考过程等。因此，为幼儿创设自由宽松、平等尊重的语言环境尤为重要。一方面，教师应根据幼儿的年龄特点来选择与运用适宜的语言来与幼儿进行交流。比如，小班采用简短的童趣化、拟人化的语言；大班采用规范化、逻辑清

晰化的语言，保证幼儿处于丰富与规范的语言环境当中。另一方面，教师应为幼儿创设有爱、自由的精神氛围，给幼儿提供与他人交流的机会，在各领域教育活动中主动设计师幼交流、幼幼交流、小组交流、与陌生人交流的多种机会，鼓励幼儿面向他人、面向集体交谈与表达，形成宽松自由、平等尊重的表达氛围；鼓励幼儿充分表达自己的想法，尊重幼儿的意愿，支持幼儿想说、敢说、主动说，满足不同幼儿语言表达的个性化需求。

二、主动支持幼儿探索体验与感受，丰富幼儿语言表达的内容

幼儿的表达内容来自自己的直接经验与切身体会。因此，教师应当遵循幼儿的学习方式及特点，设计出可以让幼儿直接感知、实际操作、亲身体验的活动，结合语言的表达等来帮助幼儿在活动中获取丰富的经验。

在促进幼儿亲身探索与直接感知的过程中，教师应主动引导幼儿用多种方式来展示自己的体验与感受，在积累用图画、照片、符号等表达的基础上，激发与引导幼儿正确、完整、有顺序地表达出来。教师对幼儿的语言表达要给予鼓励与强化，促使幼儿愿意表达与分享自己的发现、收获。

丰富幼儿亲身探索与直接感知的内容，对于不敢、不善表达的幼儿来说，是为他们提供了表达的内容，搭建了表达的平台。教师还应在活动中发现适宜幼儿表达的时机，及时给予幼儿支持，帮助幼儿树立表达的自信，满足幼儿表达的需要。

三、依据不同领域教育活动的核心价值，提出关键问题，促进幼儿概念的形成

教师应依据不同领域教育活动的核心价值，精准制定教学目标，合理设计教学环节，通过关键性提问来引发幼儿的学习，有层次地促进幼儿思考，同时通过及时追问、反问、延伸、扩展、补充等，帮助幼儿理解学习的内容、厘清关键的学习概念，丰富幼儿对于各领域教育活动核心价值的感知与理解，将所学内容的语音与语义和事物的外在表现进行充分的联系，帮助幼儿形成清晰的概念，促进幼儿的深度学习。

四、依据学习情境为幼儿示范表达，促进幼儿掌握不同领域语言表达的基本要点

在各领域教育活动的不同学习情境中，幼儿需要运用的语言有文学语言、

科学语言、体育语言等。比如，在语言活动中，幼儿需要仔细倾听文学语言，理解文学语言的含义，进行及时的文学语言模仿与创造性表达。在科学活动中，幼儿要能依据探究的条件、过程与结果，尝试使用规范的语言表达实验的步骤，推理与验证最初猜想的正误，形成最后的结论。在体育活动中，幼儿要能听懂队列练习时的指令性语言，学习动作技巧时能理解与初步表达专业性语言，参与竞赛时能表达激励性语言。这些不同形式与不同方法的表达均需要教师在实施不同领域教育活动时，依据教学的情境特点给予正确的示范、合理的引导、有效的强化，帮助幼儿自然融入不同的学习情境，掌握不同学习情境中语言表达的要点与方法。

五、 支持幼儿有序表达， 理顺幼儿的语言表达逻辑

语言是思维的工具，语言的表达也是思维外化的突出表现。条理清晰、逻辑顺畅的表达是人的语言发展的高级表现，也是幼儿应当逐渐习得并不断提升的。因此，在不同领域教育活动的设计与实施过程中，教师要对教学中的关键性提问进行反复的斟酌思考，设计出层层递进的问题，以此引发幼儿由浅入深地思考。教师还要关注幼儿在表达过程中的思路，依据幼儿的表达情况，及时给予语言的提醒、反问，或者给予语言的示范。这样既能促进幼儿各领域的深入学习，也能支持幼儿的语言表达更加有条理、有逻辑。

六、 一日生活环节渗透， 搭建支持幼儿表达的多种平台

幼儿园一日生活环节隐含着能够促进幼儿巩固、练习与复习多种语言表达的契机。教师要主动寻找不同活动环节中的语言表达契机，有目的地设计与发起不同的活动，搭建支持幼儿进行丰富表达的多种平台。比如，早上入园时，请幼儿开展“好故事我来讲”的故事活动；区域游戏结束时，请在科学区游戏的幼儿讲解自己科学实验的计划、过程与结果，开展科学活动；请表演区的幼儿展示与讲述自己的表演过程，提供创意表演与创意表达的过程；餐前等待时，提供“天气预报”“我发现的新鲜事”等说明性讲述的机会；户外活动时，给幼儿提供展示与讲解合作玩法、小组玩法等表达机会。只有在一日生活环节依据情境主动创设适合幼儿表达的条件，给幼儿提供相关的表达机会，给幼儿一定的支持与引导，才能真正保证幼儿在各领域学习中的表达既顺畅又生动，并获得持续的进步。

第六章 贯穿一日生活的语言活动

幼儿园作为幼儿一日生活的主要场所，在教学环节与户外环节之外，还存在诸多的生活环节或过渡环节，如入园、晨间活动、盥洗、餐前等待、进餐、喝水、如厕、午睡、离园等。这些环节具有以下特点。一是基础性。这些环节能满足幼儿基础的生理需求与社会交往需求。二是独特性。每个环节的教育功能都无可替代，缺一不可。三是真实性。幼儿在这些环节当中的所思所想、所做所学都是与生活环境、生理与社会需求直接联系的。四是多发性且活动总时间长。这些环节的活动时间虽然比较短，但在幼儿园的一日生活中反复出现，能够占据幼儿在园的大部分时间。

将语言培养有机地融合到幼儿的一日生活之中，能够最大限度地为幼儿创造语言交流与交往的环境，吸引幼儿与他人沟通与交谈、互动与游戏，激发幼儿语言交流的主动性和积极性，从而真正帮助幼儿在宽松真实的语言运用情境中获得丰富的语言运用经验。

第一节 晨间入园环节的语言活动

一、 晨间入园环节的教育价值

晨间入园环节是幼儿园一日生活中必不可少的环节，是教师每天与幼儿初次见面、深入了解幼儿的身体与情绪状况、帮助幼儿开启愉悦流畅的集体生活的时机。晨间入园环节一般持续 25 分钟，是一日生活的开始，也是幼儿每天在不同生活场景的转换环节。晨间入园环节的教育价值包括如下几方面。一是让幼儿获得积极、愉悦的情绪体验，喜欢上幼儿园，并且有安全感。二是让幼儿体验宽松和谐的活动氛围，能愉快地与家人告别、与教师和同伴打招呼。三是帮助幼儿找到同伴，使其以积极的状态投入一天的生活。

晨间入园环节的语言活动应当遵循两项原则。一是为幼儿创设多种类的语言互动环境。二是允许幼儿能够自由选择。主要原因在于晨间的幼儿是陆续来园的，教师无法长时间指导，因此必须创造语言活动的环境，引发幼儿自主开展活动。这样可以支持幼儿在晨间活动中，通过选择自己喜欢的方式与同伴互动、参与多种游戏、讲述、操作、劳动活动等，逐渐获得知识并发展能力。教师有意识地对晨间入园环节进行安排与指导，在很大程度上能够影响幼儿语言表达的兴趣激发与能力发展。

二、 创设丰富的晨间语言活动环境

在晨间入园环节，教师可以给幼儿创设丰富多样的自主语言活动环境，提供多样的语言玩具与材料，让幼儿有充分的机会写写画画、玩玩摆摆、说说做做等，支持幼儿进行多种方式的语言表达。

第一，创设支持幼儿前书写的活动环境。比如，鼓励幼儿入园后以打钩、画笑脸、贴红花的方式来签到，为自己完成放毛巾、水杯等常规行为做标记；支持幼儿自主阅读，提供丰富有趣、适宜随时停止阅读的书籍，如迷宫书、找不同、翻翻书、手偶书、猜谜书等，鼓励幼儿随时阅读与交流。

第二，设计支持幼儿沟通交流的活动内容。比如，创设“悄悄话”小屋，准许幼儿在这里与好朋友进行谈话与聊天；在健康墙面设置“心情测量尺”，鼓励幼儿对自己当天的心情与强度做记录。

第三，投放支持幼儿倾听的活动器材。教师可以投放新颖有趣的故事录音，锻炼幼儿的倾听能力；允许幼儿自由谈话时，拿着手偶、指偶等玩具随时开展表演性游戏。

三、 晨间入园环节的语言活动案例

案例 6-1　大班语言活动：身边事大新闻

一、活动目标

①能大胆地在集体面前讲述身边的新鲜事，进行身边新闻播报。

②敢于用完整的语言进行讲述，能清楚介绍事件的起因、经过、结果。

③喜欢参与讲述活动，体验播报新闻的快乐。

二、活动准备

①经验准备：教师与幼儿一同寻找身边可以播报的新鲜事，开展谈话活动，与幼儿一同制定播报规则，为后续开展活动做好准备。

②物质准备：话筒、新闻广播台等。

三、活动规则与方法

①知道自己负责播报的新闻内容，提前用绘画的形式记录新闻内容。

②知道在播报新闻时要尽量做到吐字清晰、声音洪亮。

③愿意独立构思或在成人的帮助下记录并讲述新闻内容，能用完整的语言从客观的角度表述事件。

④敢于在集体面前大胆讲述，并将新闻稿粘贴在新闻角中。

四、活动组织与实施

①播放新闻联播音乐，引入活动主题“身边大新闻”。

②全部幼儿坐好之后，主持人进行自我介绍。

③在集体面前用完整的语言播报“身边大新闻”，敢于在集体面前大胆讲述。

④将用画笔提前记录下来的新闻播报稿粘贴在新闻角中。

⑤带领幼儿一起交流、讨论今日身边的新闻事件，将话题延续。

⑥游戏结束。

五、活动反思

整个活动发起于幼儿，幼儿参与的兴趣非常浓厚。《新闻联播》的内容是幼儿所熟悉的，能够引发幼儿的共鸣。教师营造的环境氛围应使幼儿积极争做第二天的新闻播报员，幼儿参与的积极性很高。

在活动中，幼儿拥有一双善于发现的眼睛，能够发现身边的趣事，运用绘画的形式将自己要播报的新闻进行记录，形成了前书写能力。幼儿在讲述过程中能够吐字清晰，完整讲述事件的起因、经过、结果，构思较清晰。播报结束后，幼儿能够将自己的新闻稿粘贴在新闻角中，为谈话活动提供更多的话题。

在活动中，幼儿的讲述更多是以叙事的方式开展的。教师可以鼓励能力较强的幼儿尝试进行说明性讲述，让语言更加规范。针对不敢表达的幼儿，教师提供的话筒可以放大声音，提升幼儿的自信心；针对不善表达的幼儿，教师可以用一带一的方式开展活动，让每名幼儿都参与进来，愿意表达自己的所见所闻，提升讲述能力。

（案例提供：韩旭）

案例 6-2 大班语言活动：滚雪球

一、活动目标

①能够遵守游戏规则，倾听他人讲述，养成良好的倾听习惯。

②丰富幼儿的词汇量，鼓励幼儿添加新词汇，说更长的完整的话。

③培养幼儿的发散性思维及反应能力，引导幼儿积极参与游戏，体验游戏的快乐。

二、活动准备

①经验准备：幼儿有一定的词汇量，有词语接龙的经验。

②物质准备：词语记录单、画笔、黑板等。

三、活动规则与方法

①将提前准备好的话题用绘画的形式进行记录，如“彩虹”。

②引导幼儿在词语“彩虹”的基础上添加新的词语，使语言更加丰富，如“彩虹很美”，以此类推。

③引导幼儿用简笔画简单记录所添加的新词语，使词语雪球越滚越大。

④带领幼儿梳理添加过的词语，丰富幼儿词汇量的同时增强幼儿的成就感。

四、活动组织与实施

①幼儿自主分为记录组和讲述组，为游戏开始做准备。

②记录组幼儿用简笔画记录讲述组的词语，并在黑板上进行粘贴。

③讲述组幼儿将词语雪球越滚越大，持续进行续编填词游戏。

④幼儿一个一个进行滚雪球游戏，结束后一同梳理运用的词语，丰富词汇量。

⑤游戏结束。

五、活动反思

“滚雪球”语言游戏能够大大吸引幼儿的活动兴趣，在活动中提升幼儿的语言表达能力与倾听能力，锻炼幼儿的记录能力，丰富幼儿的词汇量，使幼儿说更长的完整句，为幼儿升入小学做好语言学习的铺垫。在活动中教师关注幼儿用词的准确性，让活动更有教育价值。

教师不仅可以在晨间入园环节进行“滚雪球”语言游戏，也可以在班级群组中进行接龙滚雪球活动，调动家长的积极性，让家长了解语言学习的乐趣，实现家园共同培养幼儿的表达能力；也可以在幼儿一日生活的过渡环节开展游戏，让“滚雪球”语言游戏充分融入幼儿的一日生活。

（案例提供：韩旭）

第二节　区域游戏环节的语言活动

一、区域游戏环节的教育价值

游戏是幼儿的天性，它伴随着幼儿成长。游戏与幼儿发展的关系可以概括为：游戏反映发展，游戏巩固发展，游戏促进发展。幼儿园活动区域是根据活动内容的类别对空间进行划分后的区域。此类区域的材料投放与环境创设能够支持幼儿在不同的区域中自主地选择玩伴与材料，综合运用已有的知识表达自己的意愿，展示自己的能力，进行各种创造性的活动。

区域游戏环节是幼儿园一日生活必不可少的环节，是幼儿每天自主选择玩伴、选择材料，主动进行个体探索性游戏或集体参与性游戏的过程。区域游戏环节时间存在一些差异，基本为40分钟至1小时。

活动区域的种类有很多。表现性区域有装扮区、表演区、建构区、美工区；探索性区域有语言区、益智区、科学区、沙水区、种植区；欣赏性区域有阅读区、展示区。参与这些区域的游戏时，尤其参与装扮区、表演区、语言区、阅读区这四个区域的游戏时，有大量的语言输入与输出，对幼儿的语言发展起着重要的促进作用。因此，教师需要有目的地组织与开展这些区域的游戏，以真正促进幼儿语言在游戏中的发展。

二、 区域游戏环节的语言活动案例

案例6-3　中班语言活动：是谁嗯嗯在我头上

一、一起来投票——讨论心仪的剧本

开展区域游戏的前两周，教师特意带领幼儿阅读了几本有趣的绘本，有《是谁嗯嗯在我头上》《小老鼠普普》《彩虹色的花》《小蝌蚪找妈妈》等。看到幼儿非常喜欢这些绘本，不时地会谈论或者模仿故事里的角色对话等，教师趁热打铁，问道："如果咱们要来表演，你们最喜欢哪个故事？"

梓豪说："我想演《小蝌蚪找妈妈》，里面的小动物都可爱，重复的话多，好记。"

啸丰说："我想演《是谁嗯嗯在我头上》，台词少，好记，重要的是还特别有趣。"

八宝说："我想表演《小老鼠普普》，普普太可爱了，还聪明。"

源源说："我不想演《小老鼠普普》，里面的对话太少了，不好表演。"

大家像开辩论赛一样，争先恐后地表达着不同的意见。于是，教师带领幼儿开展了投票的活动。通过投票，《是谁嗯嗯在我头上》高票当选。大家都觉得：故事中对话重复，台词好记，角色都很可爱，故事情节还特别有趣。

二、没有旁白怎么办——我们自己演

在幼儿高兴选择自己喜欢的角色准备游戏时，八宝突然说："谁来当旁白啊？"大家听后纷纷摇头，嘟嘟说："当旁白没意思，我不当。"乐乐说："是啊，旁白那么多，还不能上台表演，我也不当。"就在大家都在推脱、为难时，轩轩说："那老师来当吧。"就这样，配班老师来当旁白，开始了游戏。

第一场游戏下来，幼儿玩得很开心。就在想接着玩时，配班老师有事离开了，幼儿很失望。这时梓豪说："没人当旁白，就不要旁白了吧。"轩轩说："不要旁白别人看不明白啊。”嘟嘟说：“那就请老师帮我们改台词吧。”

听到这，教师及时提出问题：“没有旁白，你们可以说什么话、做什么动作，别人能看懂吗?”

经过讨论，幼儿主动给角色增加了对话和动作来代替旁白。

三、加入新角色——演起来真有趣

玩了几天，有的角色就没人演了。六一说：“我不想当‘小猪’了。”萱萱说：“我想演我喜欢的小动物，小鸡、小鸭我都喜欢。”

这时，支持幼儿改编角色与内容的时机到了。教师问道：“如果演小鸡，小鼹鼠问到你时，你知道小鸡的‘嗯嗯’是什么样子吗?”幼儿摇摇头。于是，教师鼓励幼儿回家和父母查阅自己想表演的动物“嗯嗯”的样子，可以怎样和别人描述。

这下游戏中的角色与语言更丰富了：六一演小鸡，台词就改成了“不是我，我的‘嗯嗯’是软软的，像糖稀一样”；嘟嘟演小猫，台词就是“不是我，我的‘嗯嗯’是细细的，不软也不硬，是一条一条的”……这样，幼儿的角色不断更换，表演也更有创意。幼儿接触和积累的词汇越来越多，台词也越来越生动。

（案例提供：汪绪娟）

第三节　餐前等待环节的语言活动

一、餐前等待环节的教育价值

餐前等待环节的时间基本为25分钟。这个时段承接着幼儿从户外活动归来的躁动与疲惫，还衔接午餐前的生活准备，如洗手、盥洗与情绪的平静。因此，这个时段的教育价值包括：一是让幼儿得到合理的休息，缓解幼儿从户外活动回来时的疲惫；二是帮助幼儿恢复体能并平复情绪，为幼儿的午餐环节营造安静愉悦的氛围；三是指导幼儿合理分组并盥洗，保持良好的秩序，配合保育师做好餐前的准备。

二、餐前等待环节的语言活动案例

案例6-4　大班语言活动：水果蹲

一、活动目标

①培养主动倾听的意识，在听到与自己有关的水果时做出反应。

②锻炼快速反应的能力，能依据听的内容进行判断，做出正确的动作。

③体会游戏的乐趣，感受集体游戏的热烈氛围。

二、活动准备

水果卡片等。

三、活动规则与方法

幼儿分为两组，每个幼儿挑选一种自己喜欢的水果，并说水果的名字。然后一个幼儿说“苹果蹲，苹果蹲，苹果蹲完香蕉蹲”。说完，名叫香蕉的幼儿就要继续游戏，没有接上或者说错名字的幼儿要被淘汰。

四、活动组织与实施

①邀请幼儿挑选水果卡片，扮演不同的水果，并需要幼儿记住谁是什么。

②从代表某一水果的幼儿开始一边念儿歌，一边做下蹲的动作。

③被指定代表某种水果的幼儿完成下蹲动作，同时念儿歌要求另一个幼儿重复，以此类推。

④说错的幼儿被淘汰，评选出游戏获胜者。

五、活动反思

在开展这个游戏时，幼儿参与的热情非常高。幼儿可以正确理解游戏玩法，在游戏时注意力很集中。在游戏中由于需要认真倾听每个人发言并随时做好被点到名字的准备，幼儿不得不全身心投入游戏。在游戏中融入竞争，也是大班幼儿游戏的特点。因此在游戏的最后，获胜的幼儿会成为游戏的水果大王。这种荣誉称号虽然会激发幼儿的竞争意识，激励幼儿全身心投入游戏，但是作为幼儿游戏的指导者，教师应在指导时注意幼儿的情绪引导与对自我的比较，使幼儿在游戏时是全身心投入并感受到愉悦的，尽量不掺杂功利的因素或者带有负面的情绪。

在游戏结束后，教师应让幼儿进行总结，一起说一说为什么那一个幼儿可以坚持到最后取得胜利。通过讨论与总结，幼儿可以说出“他认真听别人发言，点到他名字的时候他可以快速接起来”“他记住了别人的名字，到最后还能认真听别人说”等成功的原因。幼儿还可以说出“我走神了”“我没好好听，忘记都有什么水果了”等失败的理由。幼儿可以从游戏中总结经验、自主学习，主动从游戏中获得知识经验。同时，教师组织幼儿共同回忆游戏过程并进行总结，也是很有必要的。这是因为语言游戏应是指导性游戏而不是随意性游戏，教师应在适宜的时机给幼儿适宜的指导。

（案例提供：黄钰）

案例 6-5 大班语言活动：反义词游戏

一、活动目标

①培养幼儿的专注倾听能力与快速反应能力。

②丰富幼儿的词汇量，让幼儿进一步感知反义词的含义。

二、活动准备

幼儿已经掌握一定数量的反义词。

三、活动规则与方法

幼儿自由分组，根据来园人数调整每组的人数。但是每组应超过 10 人，最少不低于 6 人。游戏分组开展，教师说出一个词语，幼儿根据教师说的词语，快速说出该词语对应的反义词。答错的幼儿就要被淘汰，最后每组剩下的人可以参加最后的决赛。最后一轮决赛中获胜的幼儿，可以被评为反义词大王，并被奖励贴画。

四、活动组织与实施

在过渡环节，幼儿坐在小熊椅子上等待。待全部幼儿入座后，游戏开始。游戏开始前，教师可以利用说一段小儿歌或者绕口令来吸引幼儿的注意力，用这一行为提示幼儿，游戏即将开始，请注意倾听。

游戏开始，先从简单的反义词说起。例如，教师说高，幼儿说矮；教师说胖，幼儿说瘦。然后逐渐增加难度，教师说小西瓜，幼儿说大西瓜；教师说白天，幼儿说黑夜。随着词语难度的增加，说词语的速度也会加快。在此过程中，幼儿需要认真倾听，快速反应，答错的幼儿要被淘汰。

经过游戏，评选出班级内的反义词大王，发贴画作为奖励。

五、活动反思

词汇游戏是大班幼儿非常喜欢的游戏。大班幼儿初步具备辨别反义词的能力。所以设计这个游戏可以充分吸引幼儿的兴趣，让幼儿愿意加入游戏。游戏中的词语是由易到难慢慢增加难度的。幼儿必须高度集中注意力，仔细倾听教师说出的词语，这样才可以答对。这一过程培养了幼儿认真倾听的能力。同时，幼儿还要比比谁答得快。所以幼儿会在高度集中注意力后尽快作答。这一过程又锻炼了幼儿的反应能力。幼儿的发展水平不同，掌握的词汇量也不同。教师通过游戏，在提升幼儿游戏水平的同时通过身体动作等方式帮助幼儿更深刻地理解反义词的含义，丰富幼儿的词汇量。

在设计游戏时，教师还可增加难度，如打印图片让幼儿看图识别词汇，然后说出反义词。教具的加入可以增添幼儿游戏的趣味性，同时可以提升游戏难度。

（案例提供：黄钰）

第四节 值日环节的语言活动

一、值日环节的教育价值

值日环节是指在每天进行餐前的值日活动时，值日幼儿面向班级其他幼儿进行播报、讲述、解说的活动。值日环节的时间为3至5分钟。创设此段环节的教育价值有三个方面：一是能为幼儿创造当众讲述的机会；二是帮助幼儿提前了解当日午餐或晚餐的内容，对午餐或晚餐充满期待；三是让幼儿体验宽松和谐、友爱互助的班级氛围。

二、值日环节的语言活动案例

案例6-6 中大班语言活动：小小报餐员

一、活动目标

①能够大胆地在集体面前进行菜品播报。

②能够了解食物的营养价值，不挑食。

③喜欢参与报餐游戏，感受播报的乐趣。

二、活动准备

与幼儿一起讨论交流一周的食谱，让幼儿对食谱的名称、营养价值有所了解；图片、值日挂牌、音乐《吃饭进行曲》等。

三、活动规则与方法

①知道负责播报的食物名称，提前了解所报食物的营养价值。

②播报食谱时吐字清晰、洪亮。

③能够了解自己所报食物的营养价值并向同伴大胆介绍。

④能够总结前一天播报食谱过程中出现的问题并进行分享。

四、活动组织与实施

①值日幼儿通过播放音乐《吃饭进行曲》邀请其他幼儿坐好。

②其他幼儿坐好之后，值日幼儿轮流播报自己负责的菜品名称。

③值日幼儿轮流出示播报的食谱图片，并向大家介绍该食物的营养价值。

④值日幼儿代表总结前一天播报食谱过程中出现的问题。

⑤针对提出的问题，全体幼儿一起交流、讨论解决问题的方法。

⑥游戏结束。

五、活动反思

在开展这个游戏的时候，幼儿的兴趣很浓厚，他们每天都会相互聊天讨论“我在哪一天值日”。这可以表明他们很喜欢这个餐前报餐游戏。

在游戏过程中，大家能够在听到播放《吃饭进行曲》的时候加快自己做事的速度，准备倾听值日幼儿进行菜品播报。每天播报的值日幼儿也很了解播报的规则，会提前进行分工，知道自己负责播报的食谱。而且，播报之前幼儿能够自发和家长一起查阅资料，了解所播报食物的营养价值，进而增进亲子之间的感情。当总结前一天值日幼儿播报食谱过程中出现问题的时候，会偶尔出现表达不确切的情况，需要教师予以补充。接下来教师应针对这一环节进行重点锻炼，来提升幼儿的总结表达能力。

（案例提供：许颖）

第五节　离园环节的语言活动

一、 离园环节的教育价值

离园环节是指幼儿在园从吃完晚餐到等待家长接走的环节。这个环节的时间为 15 分钟。离园环节是幼儿一日生活的最后一环，是幼儿在园一天生活的结束，是让幼儿身心放松进行整理的阶段。离园环节的教育价值有如下几方面：一是帮助幼儿有轻松愉悦的内心体验；二是支持幼儿自由自主的活动状态；三是激发幼儿留恋与期待幼儿园生活的美好情感。

二、 离园环节的语言活动案例

案例 6-7　中大班语言活动：夸夸我的好朋友

一、活动目标

①能够主动发现同伴的优点并记录，感受同伴带来的温暖。

②能够在集体面前大胆讲话，解释自己的观点，表达自己的看法。

二、活动准备

贴画、记录单、照片墙等。

三、活动规则与方法

①知道自己要夸的人物与相关行为，提前留存结果或用绘画方式记录。

②表达个人的见解时吐字清晰、洪亮。

③能够讲解自己所投票人物的优点，并向同伴大胆介绍。

④能够依据现场的问题进行讨论，并形成一致意见。

四、活动组织与实施

①在晚餐结束后，邀请全班幼儿坐好。

②全班幼儿坐好后，教师让幼儿把自己准备的物品展示出来，有条理地说明自己的观点、事件的发生过程以及自己的感受。

③请其他幼儿针对人物、事情的经过以及其中的闪光点进行提问。

④鼓励发言的幼儿再次进行详细解说或举例证明。

⑤请发言的幼儿将贴画送给为自己投票的幼儿。

⑥活动继续开展。

五、活动反思

“夸夸我的好朋友”活动选材于幼儿自己所熟悉、所体验、所感受的日常表达内容，既有幼儿自己独特的视角，也有非常强的社会教育意义，也隐含着语言教育意义。教师通过挖掘生活中的表达内容，鼓励并促使幼儿做好相关准备，为幼儿积极表达、有序表达、有条理表达创造条件。

在活动中，幼儿首先要有明辨是非的判断力，能够对身边同伴的语言、行为与活动内容和结果等，结合自己参与的经历说出自己的感受和看法。必要时，教师还可以引导幼儿运用绘画的形式将自己要夸的人、事、物等进行记录并讲述。这既培养了幼儿的前书写能力，也培养了幼儿在集体面前大胆讲述和表达自己观点的能力。

在活动中，教师可以鼓励幼儿从简单的夸一夸入手，如说明姓名、夸一夸具体事例，激发幼儿表达的积极性。在幼儿基本了解此环节的基本内容后，教师可以鼓励幼儿进行更充分的准备，如记录过程、出示成果、记录感受等；可以鼓励幼儿进行相互的提问、质疑与讨论。值得注意的是，教师作为组织者，要能够主动判别幼儿讲述内容的社会教育意义与语言教育意义。教师要肯定具有社会教育意义的事件，争取在班级达成一致看法，逐渐形成班级规则；也要关注幼儿的语言讲述能力的发展，及时让幼儿有表达个人观点与看法的机会，必要时主动创造更多的机会鼓励幼儿大胆自主表达。

（案例提供：王晓岚）

第七章 具有意义的语言互动环境

幼儿是具有主动意识的学习者，在与环境的互动中能够获得五大领域的发展。创设良好的语言互动环境，对于提高幼儿园语言教育质量具有重要意义。幼儿园要重视语言互动环境的创设，并发挥其价值。一个温馨、和谐、具有教育功能的语言互动环境对幼儿语言的可持续发展具有无可估量的意义。一般来说，幼儿园语言教育环境涉及活动区域、主题教育墙以及公共楼道环境。

第一节　方式与特点鲜明的语言区域材料

教师要充分理解并遵循各年龄段幼儿的学习方式和特点，支持幼儿在做中学、玩中学。《指南》明确指出："幼儿的学习是以直接经验为基础，在游戏和日常生活中进行的。"它同时强调："最大限度地支持和满足幼儿通过直接感知、实际操作和亲身体验获得经验的需要。"在语言区域游戏中，教师应引导幼儿自主选择区域材料，与材料、同伴间发生自主性、互动性的语言交流，进而提升语言能力。

教师要有目的、有计划地创设幼儿亲身感受、体验、操作、探究的语言区域环境，投放适宜的材料，满足幼儿语言学习的需求。

一、语言区域材料设计的要求

语言区域环境的创设考虑的内容众多，诸如语言区域材料的设计、物品的摆放、标识的设置、与其他区域的分隔与互动、区域内自身环境的打造等。这里我们重点介绍语言区域材料的设计。

教师要为幼儿设计各类听、说、读、写的语言区域材料，让幼儿充分动手、动口、动脑，提供语言学习的机会，激发语言潜能。

（一）材料要激发幼儿的兴趣

语言区域材料要能够激发幼儿的学习兴趣和探究欲望，也更容易吸引幼儿的注意力。因此，在选择语言区域材料的过程中，教师要选择源于幼儿生活、与幼儿知识经验相匹配、幼儿感兴趣的材料。比如，小班可提供木偶，大班可提供皮影。

（二）材料要丰富多彩

教师要考虑不同幼儿的发展需求，投放丰富多彩的材料；要考虑实现不同发展目标的需要，投放具有不同功能的材料；要考虑教育目标的调整和幼儿发展能力的提升，不断增加、更新材料。

（三）材料要难易适度、层次分明

《纲要》指出："尊重幼儿在发展水平、能力、经验、学习方式等方面的个体差异，因人施教，努力使每一个幼儿都能获得满足和成功。"教师要尊重幼儿发展的个体差异，投放层次分明的材料，满足不同幼儿的语言发展需要。

（四）材料要可操作、互动性强

要实现材料的可操作性，需要材料美观，让幼儿对材料产生视觉上的共鸣，同时要符合幼儿的认知水平，具有系统性、层次性、挑战性。另外，材料设计还要考虑互动性，让同伴的陪伴、互动成为幼儿学习的动力。

（五）材料要隐含教育的引导性

语言区域材料一定是教师有目的、有计划设计的，每个材料都蕴含着其教育性。这种教育性在幼儿操作材料的过程中发挥着隐性指导的作用，进而促进幼儿的语言发展。

二、语言区域材料设计的支持策略

（一）创设温馨的语言教育环境与提供区域引导

教师要先营造舒适、浓郁的语言教育环境，与表演区、建筑区等易发音区域进行相对隔离，设置供幼儿阅读用的小沙发、小书桌、小座椅。在适当的条件下，教师还可以提供一些装饰物，如小抱枕、小插花等。这样温馨、清静的环境搭配适宜的光线，形成了静谧的阅读环境，有效形成沉浸式阅读体验。另外，教师要对幼儿的区域游戏进行适宜的引导，要有区域名称、阅读规则、图书推荐；要有为幼儿制订读书计划，对幼儿在游戏中出现的问题以及解决问题的方法等进行过程性引导，如引导幼儿保持正确的阅读与书写姿势、好书一起看。语言区域的墙面颜色不宜过于鲜艳，以免分散幼儿的注意力。

（二）把握区域的核心经验与发展目标

《指南》中的语言领域从倾听与表达、阅读与书写提出了幼儿学习与发展的目标要求。要实现对幼儿语言的培养，教师就应该结合幼儿的发展需要创设相应的倾听区、表达区、阅读区、书写区。倾听区应投放一定的视听设备，录制倾听方面的游戏视频。表达区应投放故事盒、点读笔、故事中的玩偶或手偶等，以方便幼儿表演、演绎、创编或改编故事。阅读区应投放有主题的图书，也要兼顾多元发展，体现层次性、多角度，满足幼儿的不同阅读需求，还可以提供满足幼儿自制图书、故事创作、图书修补需要的材料。书写区应投放纸、笔、沙盘等，促进幼儿前书写能力的形成。

（三）提供幼儿主动参与和自我管理的机会

教师是幼儿区域活动的引导者和支持者，需要深入参与幼儿游戏，发现游戏材料的教育价值，并不断调整材料支持幼儿发展。幼儿是充分参与语言区域活动的主人。在活动开展前期，教师要引导幼儿参与环境的布置、图书的收集与摆放、阅读规则的约定、学习计划的制订；在活动过程中，教师要关注学习氛围、习惯养成、学习品质培养，并使幼儿逐渐完善区域规则或借书还书规范等，进行自我管理。

（四）有效利用区域活动中的观察与指导

教师要成为幼儿游戏和合作学习的伙伴。在游戏过程中，教师要及时关注幼儿出现的问题与困难，及时参与幼儿游戏，进行隐性指导。另外，发现有助于幼儿发展的游戏是每位教师的责任。教师要相互配合与支持，在区域评价过程中用有意义的游戏引领幼儿发展。

幼儿语言区域环境创设的关键是让幼儿想说、愿意说、敢说、喜欢说、有机会说，不断提升教师的语言区域环境的建构能力，促进幼儿语言能力的发展。

三、 语言区域材料设计案例

案例 7-1　中大班语言区域材料设计：有趣的十二生肖

一、材料介绍

临近新年，班级开展了关于“十二生肖”的活动。通过生动的故事内容，幼儿了解了生肖的来历。在“十二生肖歌”朗朗上口的语句中，幼儿感受了生肖的排列顺序。为了满足幼儿的兴趣与需求，加深幼儿对中华优秀传统文化的了解，我们制作投放了系列材料“有趣的十二生肖”。

二、发展目标

①喜欢说十二生肖歌，感受中华优秀传统文化的内涵。

②在说一说、摆一摆、拼一拼等不同玩法中，熟悉十二生肖的名称及排列顺序。

③感受文字代表着不同的动物。

材料一：十二生肖排排乐

(一)玩法

①根据儿歌中小动物的名称及排列顺序边说儿歌，边在操作板的表格中摆放动物小印章。

②摆放好后结合对照板，验证自己摆放得是否正确。

③摆放正确后可以将小印章印在相应的表格中，感受成功感。

(二)观察重点

在游戏时幼儿能否根据十二生肖的排列顺序印上小印章。

(三)提示

①当幼儿不知道十二生肖排列顺序的时候，教师可以引导幼儿按照相应的颜色进行匹配或参照对照板。

②对照板和操作纸的相应表格要用和小印章一样的颜色呈现，帮助幼儿更准确地摆放。

图 7-1 至图 7-4 为“十二生肖排排乐”引导图、操作纸、对照卡与小印章。

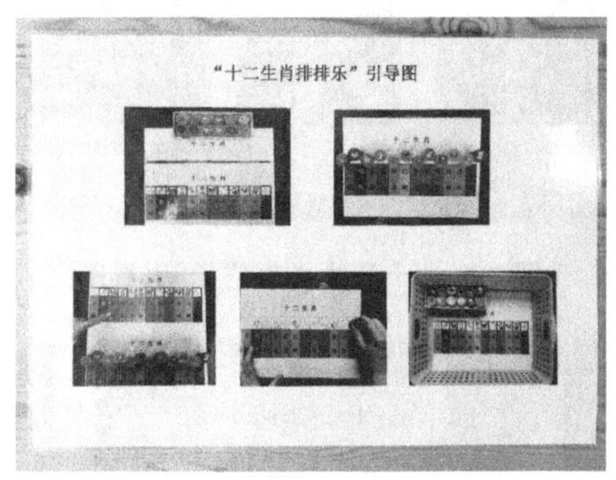

图 7-1 “十二生肖排排乐”引导图

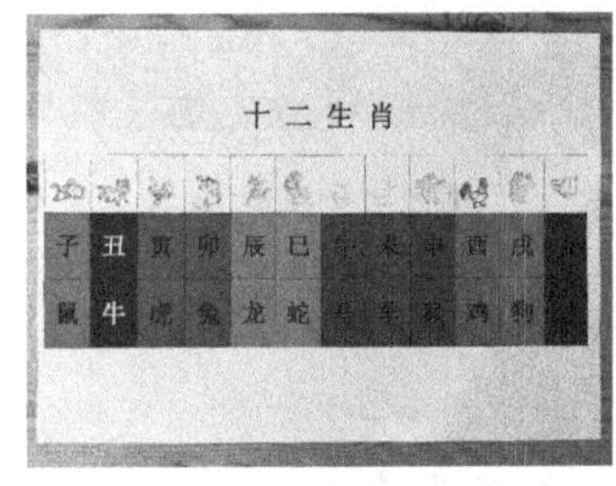

图 7-2 操作纸

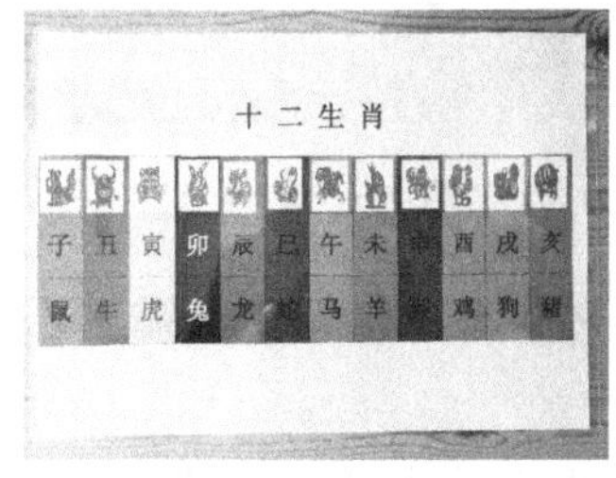

图 7-3 对照卡

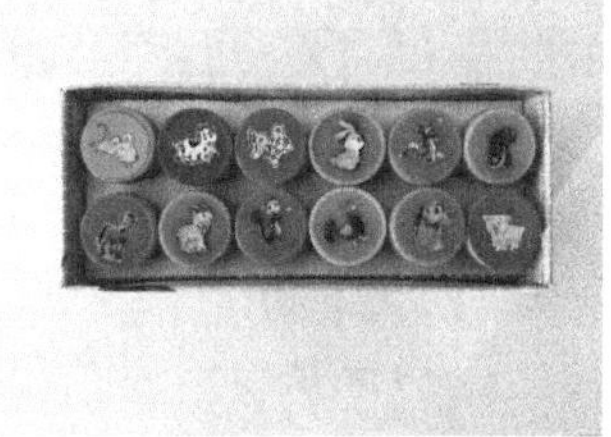

图 7-4 小印章

材料二：十二生肖拼拼乐

（一）玩法

在熟悉儿歌以及感知动物和文字相对应的基础上，教师有了新的玩法“十二生肖拼拼乐”。

①拼贴小书的每一页由一种小动物与文字上下呈现。幼儿根据该页中的小动物，到拼贴盒中找到相应的文字，拼贴在拼图中，感知文字代表的生肖。

②拼图中的锯齿能够帮助幼儿验证拼贴是否正确，还可以帮助幼儿借鉴对照板进行验证。

（二）观察重点

游戏时幼儿能够发现和根据不同的锯齿形状拼接。

（三）提示

在拼贴时幼儿可以根据拼图的接口找到所表示的文字。拼口对接上了，则表示图文是相对应的。

图 7-5 至图 7-8 为“十二肖拼拼乐”引导图、拼贴纸、对照卡和拼贴小书。

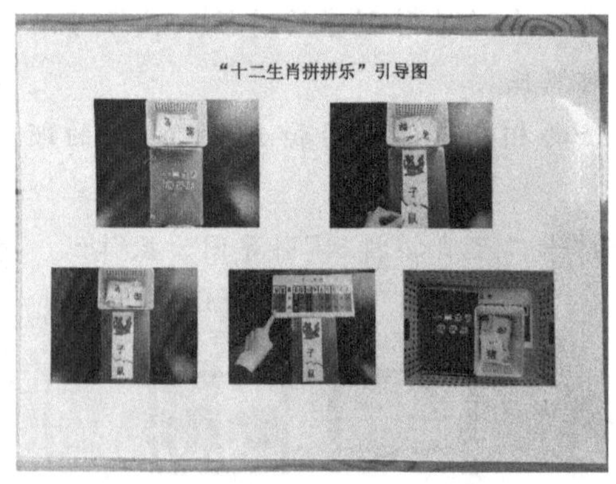

图 7-5 “十二生肖拼拼乐”引导图

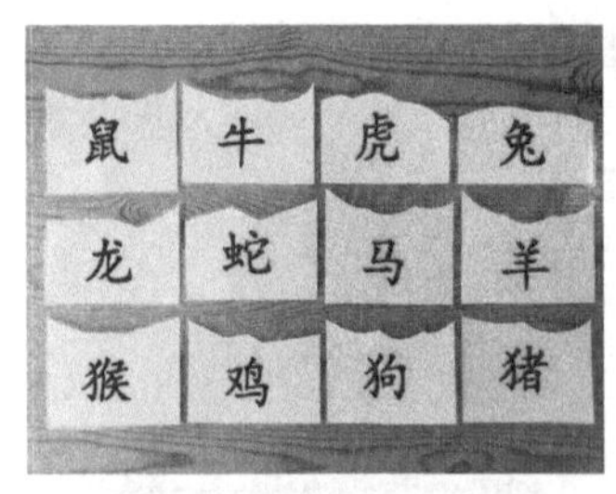

图 7-6 拼贴纸

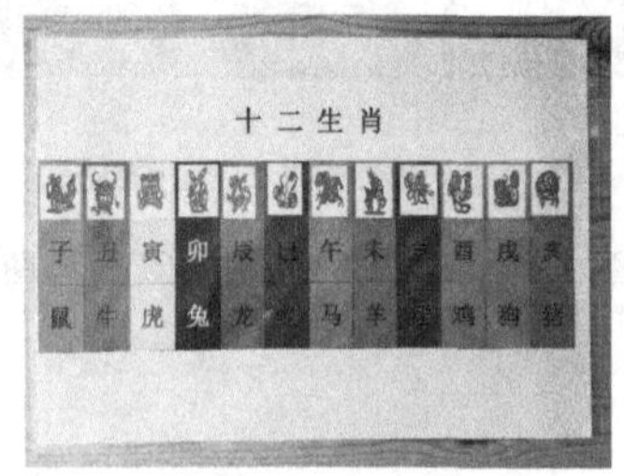

图 7-7 对照卡

图 7-8 拼贴小书

材料三：十二生肖贴贴乐

（一）玩法

教师应引导幼儿在边说边操作中感受儿歌的趣味和文字代表的意义。为了能够帮助幼儿进一步感知文字与图片的对应性，教师设计了新的玩法“十二生肖贴贴乐”。

①幼儿可以根据兴趣选择自己喜欢的操作单，进行图片、文字的粘贴或绘画，完成自己的操作单。

②有兴趣的幼儿还可以把十二生肖完整填补或绘画，体验成功感。

(二)观察重点

幼儿可以根据前期的经验直接用贴纸粘贴完成作业单，也可以用绘画的方式完成作业单。

(三)提示

在粘贴或绘画的过程中，幼儿要结合对照卡进行验证。

图 7-9 至图 7-12 为“十二生肖贴贴乐”引导图、贴纸、操作纸及彩纸。

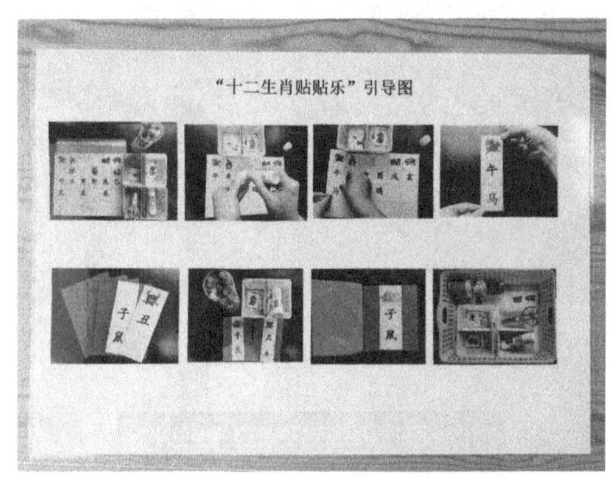

图 7-9　“十二生肖贴贴乐”引导图

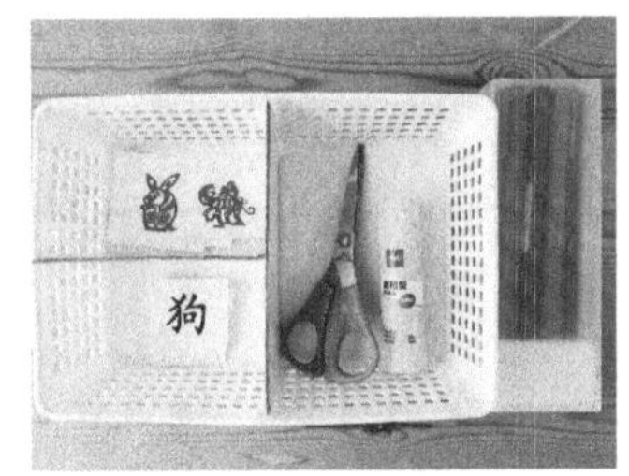

图 7-10　贴纸

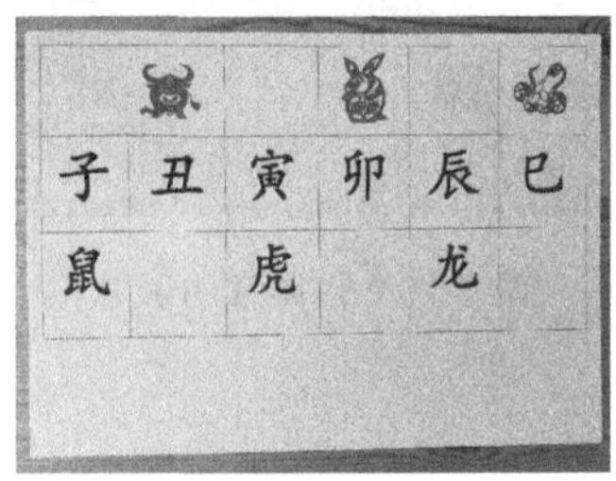

图 7-11　操作纸

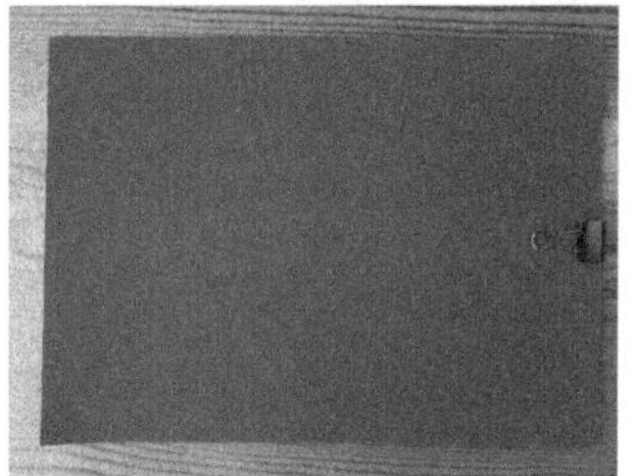

图 7-12　彩纸

材料四：十二生肖摇摇乐

(一)玩法

游戏为两个幼儿的比赛形式。游戏时一个幼儿先掷一个图片色子(或文字色子)，然后从同样颜色的图片色子(或文字色子)中找到对应的图片面(或文字面)，接着再用对照卡进行验证。

验证正确了，就可以用笔在操作单的一行中用自己喜欢的方式进行记录，如写数字、画对钩等。在相同的局数中，谁找对的多算获胜。

(二)观察重点

①能够在同伴掷出色子的内容上，找到对应的图片或文字。

②能够在操作单上进行记录，体验成功感。

(三)提示

幼儿在找图片或文字的时候，要在相同颜色的色子上找，避免在其他色子上耽误时间。

图 7-13 至图 7-16 为图片色子、文字色子、带印章的彩笔、操作单。

图 7-13　图片色子

图 7-14　文字色子

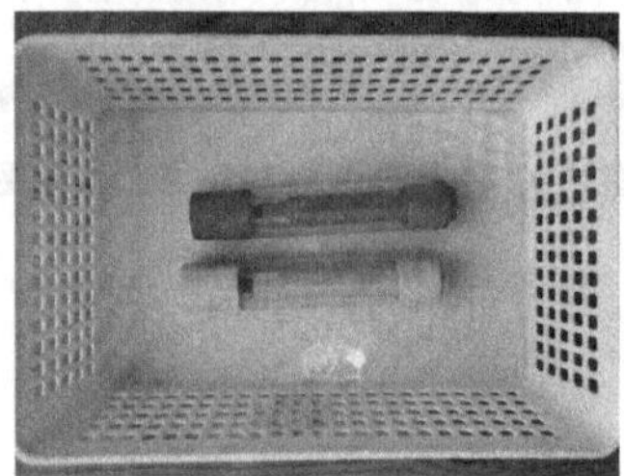

图 7-15　带印章的彩笔

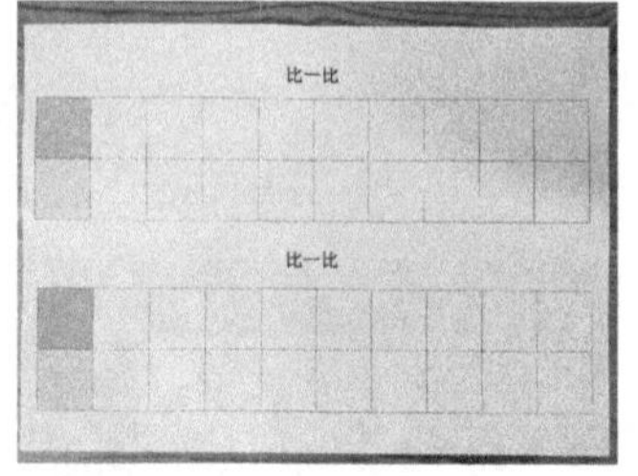

图 7-16　操作单

（案例提供：韩伟巍）

第二节　探究与发展显现的主题教育环境

班级主题环境应体现幼儿园主题教育课程理念。主题教育课程充分体现了幼儿是课程主体的理念，强调以幼儿发展为本，强调以儿童视角关注幼儿发展的主动性、整体性，重视幼儿学习品质的培养，真正发挥自身的价值，形成有益于幼儿一生的价值体验。在主题教育课程实施过程中，教师应注重全语言教育理念的落实，借助多种体裁的语言教育内容引发出主题，关注适宜的语言教育目标的制定与实施，强调语言对幼儿其他领域发展的促进作用。

一、 主题教育活动的实施

主题教育活动是呈现幼儿探究活动轨迹和促进幼儿自主发展的重要方式。

（一）主题教育活动应满足幼儿的发展需要

主题教育内容的确定应来源于教师对幼儿的专业观察与判断，应满足幼儿的发展需要。教师要对与主题紧密相关的幼儿核心领域发展情况进行重点分析，确保主题教育活动的顺利开展。

（二）主题教育活动应关注幼儿学习与发展的整体性

教师要依据幼儿的现有发展水平，依托主题开展系列性活动，为幼儿制定合理的发展目标。发展目标既能明确指向主题的核心领域，也能涵盖主题的关联领域，以促进幼儿全面发展。

（三）主题教育活动能引领幼儿发展

主题教育活动要以幼儿为主体来设计与实施，符合幼儿直接感知、动手操作、亲身体验的学习方式。主题教育活动内容丰富、形式多样、选材适宜，符合幼儿的发展水平。主题教育活动能依据幼儿的经验支持主题的探索，环环相扣，层层递进。

二、 主题教育环境的创设

主题教育环境主要包括主题墙面和活动区域环境。教师要利用主题教育环境呈现幼儿的探究过程。这种呈现需要引导幼儿了解主题教育活动中深度学习的过程。

教师要利用主题教育环境呈现主题教育活动实施的路径，按照主题网络图的实施顺序把能代表幼儿探索兴趣的探究过程和成果清晰展现出来，方便幼儿在活动后进行回忆和反思。

主题教育环境要能充分调动幼儿参与，为幼儿提供充分表现的机会，使幼儿能与其发生深度的互动，支持幼儿自主学习。

主题教育环境能结合区域的核心价值，提供适宜的操作材料，适宜区域游戏开展，进而支持幼儿与主题墙面的互动，帮助幼儿的经验得以延伸。

主题教育环境应在主题活动内容表述和引导上以幼儿的视角和语言调动幼儿积极参与活动，实现与环境的有效互动。

三、主题教育环境创设案例

案例 7-2 大班主题教育环境创设：我和图书做朋友

一、活动由来

在学期初，班级新进了一批图书。这批图书的种类丰富，内容很有吸引力。在过渡环节，幼儿经常会坐在一起翻看和讨论这些图书，他们对这些图书有着浓厚的阅读兴趣。于是我们把这些图书投放在图书角，供幼儿区域游戏时自主阅读。这样幼儿每天都会去图书角选择自己喜欢的图书。于是，区域游戏时图书角就常常出现这样的现象：有时一本书还没有看完，就到了收区、上课的时间了，幼儿对于图书阅读的持续兴趣就被打断，进而不能持续阅读了。看到幼儿对持续阅读这些图书的兴趣这么浓厚，与幼儿讨论后，我们决定在班级内尝试开展“图书漂流”的借阅活动，并以此为契机确立了“我和图书做朋友”活动，用以全力支持幼儿对图书的探究欲望，激发幼儿对图书的阅读兴趣，全方位鼓励幼儿自主阅读，并在自主阅读的过程中培养幼儿的多方面能力。

二、活动目标

①了解图书的基本特点，知道图书的多样性，知道一本图书是由封面、封底、目录、页码和正文组成的；基本了解图书的制作过程，学会分类整理图书的方法。

②能相互讨论，自主制定班级的图书借阅规则，并遵守这些规则，知道借阅图书的基本流程。

③知道正确的看书方法，懂得爱惜图书，认识修补图书的相关工具，学习简单的修补图书方法。

④有阅读的兴趣，能专注阅读图书，体验看书的乐趣，喜欢与他人一起谈论图书中与故事有关的内容；能说出所阅读图书的主要内容，表达自己阅读后的感受，说出自己的看法。

⑤能大胆想象，依据图书画面的线索猜想故事情节的发展，续编、创编故事，乐于与同伴分享交流。

⑥了解图书的制作过程，愿意用图画和符号的形式来表达故事或自己的想法，愿意参与自制图书活动。

⑦了解图书中经典的角色形象与美术表现方式，愿意模仿与创造，提升对美的欣赏与表达能力。

三、主题网络图

图 7-17 为“我和图书做朋友”主题网络图。图 7-18 至图 7-22 为“我和图书做

朋友”主题教育环境及各主题教育活动。

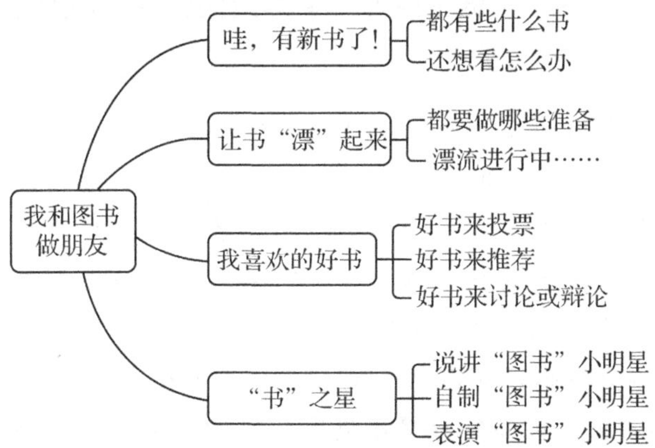

图 7-17　“我和图书做朋友”主题网络图

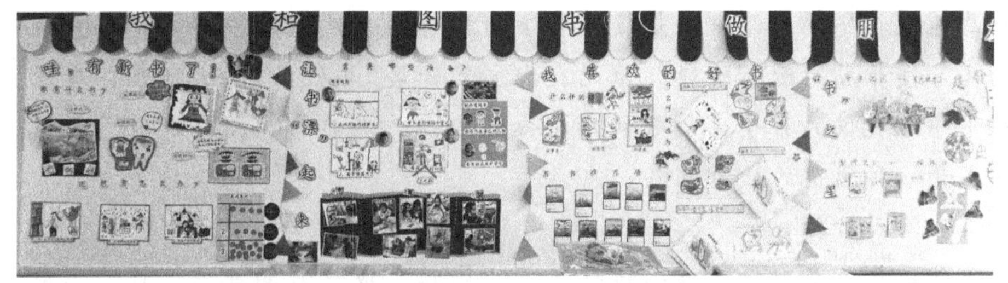

图 7-18　“我和图书做朋友”主题教育环境

图 7-19　哇，有新书了

图 7-20　让书“漂”起来

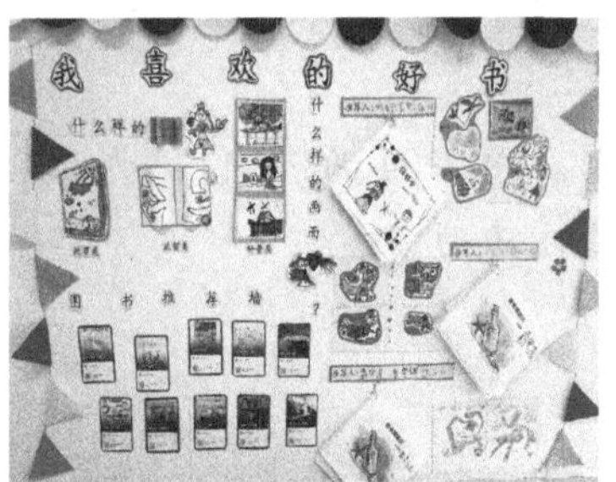

图 7-21　我喜欢的好书

图 7-22　“书”之星

（案例提供：谷馨）

案例 7-3 中班主题教育环境创设：礼仪小达人

一、活动由来

升入中班后，本班幼儿开始从以自我为中心转向关注他人，他们喜欢观察身边的人、事、物，能够发现别人身上存在的一些规则遵守方面的问题，并出现向教师告状的行为。在日常生活中，幼儿经常会因为想要独占玩具、图书而产生冲突的情况。向家长进行问卷调查时，家长认为幼儿与熟悉的成人见面打招呼的意识弱、邀请幼儿来家做客时存在不礼貌行为。可以看出，幼儿对于公共规则的理解还不太清晰，并因此存在一些不当行为。

4～5 岁幼儿的社会认知能力明显提高，有意行为开始发展，懂得更多的社会规则、行为规范。良好的规则意识离不开正面的引导，幼儿要学会尊重他人，友好与他人相处，以礼待人。教师要做的就是将这些形成一种习惯。中班阶段是幼儿习惯养成的敏感阶段，为此我们主动开展“礼仪小达人”活动，在幼儿心中种下一颗礼仪的种子，带领幼儿从知礼入手，在日常生活中学礼、行礼，让礼仪成为一种优良的行为习惯。

二、活动目标

①知道礼仪是中华民族的传统美德，愿意养成良好的礼仪习惯，形成初步的规则意识。

②了解礼仪的语言及行为，在日常生活中能注意仪表、仪态，学会尊重他人，以礼待人，并能遵守常用礼仪的行为与规则。

③学习校园及家庭中的常用礼仪与行为，能与同伴友好相处、关爱父母长辈、热情友善地招待客人。

④知道生活中常用的礼貌用语，在各种活动中能仔细倾听他人讲话，做到不打断他人讲话。

⑤绘制文明礼仪海报，将自己知道的各种文明礼仪行为与内容向他人积极传递。

三、主题网络图

图 7-23 为“礼仪小达人”主题教育网络图。图 7-24 为“礼仪小达人”主题教育环境。图 7-25 为“礼仪小达人”主题教育关键性活动。

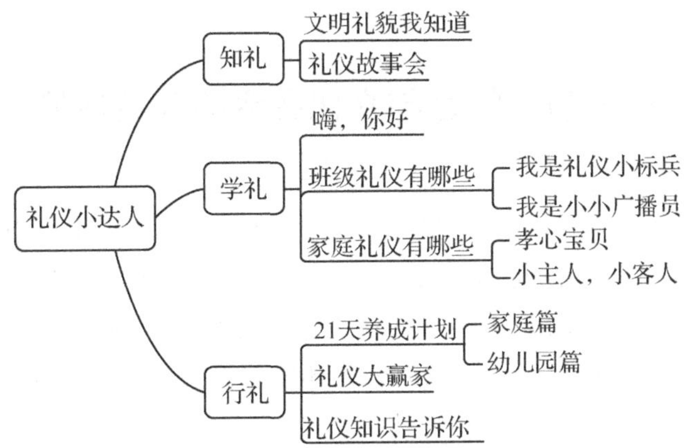

图 7-23　“礼仪小达人”主题教育网络图

图 7-24　“礼仪小达人”主题教育环境

图 7-25　“礼仪小达人”主题教育关键性活动

（案例提供：韩旭）

第三节　特色与文化融合的公共环境

环境文化是幼儿园文化的外显。环境文化建设要以幼儿为中心，满足幼儿发展的需要，考虑环境在与幼儿互动中发挥的作用，进而整体规划公共环境。依据公共环境的特点，幼儿年龄班的设置、幼儿发展目标的确定等需要获得教师的支持与配合，让教师、幼儿成为公共环境创设的主人。

一、多种类型语言体裁的展现

教师要在环境文化建设中充分考虑特色课程的因素，把相关内容有选择地在楼道环境中显现。教师要结合幼儿的年龄特点、语言教育目标及内容创设楼道环境，借助别具匠心的细节展现教育的深刻内涵。教师要根据幼儿的年龄特点和语言教育目标的层次，选择适合的语言教育内容，渗透五大领域的相关目标，用展品、绘画、符号、文字、情境创设等形式，对幼儿园的大厅、走廊、楼梯、墙面甚至吊顶等进行装饰。其中有传达的视角感，有建构的精致，有形态的多样化，有空间的个性化，有教育价值的表达，也有儿童哲学的文化内涵。错落有致、别具一格的教育环境能推进幼儿园独特环境文化的形成。

在国内一般情况下，幼儿园有三层楼，一层多设置为小班，二层设置为中班，三层设置为大班。相应楼梯间常常按照幼儿的年龄设置相关展示内容。在楼道里，小班楼道有儿歌展示，中班楼道有民间传统故事展示，大班楼道有民族英雄展示。在楼梯间，小班幼儿可以看到绘本推荐，中班幼儿可以看到童话故事推荐，大班幼儿可以看到寓言故事、有趣的成语故事等推荐。这种呈现方式能引导教师、幼儿利用丰富的语言教育资源汲取语言发展的素养。

二、大主题教育观下的环境呈现

大主题教育观下的课程内容不仅体现在班级的教与学中，还体现在幼儿园公共环境的创设中。公共环境以大主题的方式呈现，体现了幼儿园对现代教育的解读，体现了幼儿园教育与新时代教育理念的契合，不仅对教师队伍具有明确引领与隐性熏陶的影响，还有助于促进幼儿与环境的互动，有助于家长对幼儿园文化的深刻理解，更有助于教育目标的实现，为幼儿提供互动学习、分享经验的平台，拓展幼儿想象和创造的空间，促进幼儿的社会性和交往能力发展。

由于大主题教育的环境需要整年级组教师共同配合，整年级幼儿共同参与，因此每学期初需要确定主题内容、环境呈现方式、各班级任务，规定每次调整完成的时间段，确保全园共同环境有序更换、实时动态。

一般来讲，一个阶段的主题内容是不变的，变的是针对主题探究的深入或班级探究内容的调整。这个月也许大班探究的是少数民族的居住，下个月就会探究少数民族的音乐。整体来说，要以《指南》为依据，确定幼儿园的大主题教育内容。比如，小班以热爱自然、亲近自然为主题，中班以热爱家乡、热爱北京为主题，大班以热爱祖国、热爱多民族的国家为主题，但并不意味着一成不变。教师要根据时代的变化、大环境的变化、教育内容的变化而适当调整环境，投放相应的材料，捕捉幼儿新的兴趣点和关注点，发现幼儿新的闪光点，既丰富又有变化，真正做到环境育人。

三、 环境文化与家园共育的实现

幼儿园与家长如同一车两轮，同向同心才能推动幼儿向前行进。幼儿园将家庭资源与自身环境文化进行融合，不仅满足了各主题教育的需求，还实现了环境文化的丰富多样。家长也借助参与幼儿园的环境创设，深入了解幼儿园的发展情况，改变和提高家庭教育观念，形成相互配合、协同一致的教育共同体。为了让更多的家长了解幼儿园，也为了让家长关注到幼儿园环境文化的实时变化，有效实现家园共育，教师需要创新与家长的沟通方式和渠道。在教师、幼儿创设的公共环境中，每一个场景都可以有小讲解员的讲解，这些讲解可以录成音频，再生成二维码；每次更新内容时，教师和幼儿可以一起录成视频。将二维码和视频放置到幼儿园公众号上，家长就可以和幼儿一起“云参观”幼儿园。家长走进幼儿园，在了解环境的过程中与幼儿一起产生共鸣，进而能够更好地实现家园共育。

环值是教育的隐性课程，是一本立体的、多样的教科书。教师要精心打造富有情趣与教育意义的环境，吸引幼儿主动与环境互动，认真观察、积极探究，并从中获得经验、能力、智慧和情感体验。

四、 公共环境设计案例

案例 7-4　中班公共环境设计：会说话的墙

一面面洁白的墙在教师的巧思和巧手下焕发出别样的风采，既充分展示出了艺术的视觉美感，又表现了声音的无限魅力，让每个幼儿都能在“会说话”的优美环境中，感受趣味别样的视听之旅。

环境一：北京风土人情

对于老北京人来说，回荡在胡同中的叫卖声曾经是他们生活中的一部分；悠扬婉转的声音反映着老北京的市井生活和风土人情。

环境二：北京名胜古迹

天坛的庄严肃穆，颐和园的美轮美奂，天安门的气势恢宏，故宫的金碧辉煌……一幅幅精美的建筑画面，用不同的艺术手法呈现在幼儿的眼前。这些壮丽的景观吸引着幼儿的目光，不仅让幼儿的视觉受到冲击，也让他们在倾听中了解名胜古迹的悠久历史，感受到中国历史文化的博大精深。

环境三：京剧人物

京剧是我国民族艺术的国粹，是积淀了中华民族文化传统的艺术瑰宝。京剧艺术墙在带给幼儿视觉欣赏的同时，将中华优秀传统文化精神渗透到每一个幼儿心里，温润幼儿的心灵！

环境四：文明礼仪原创诗歌

文明礼仪意识的养成、文明礼貌用语的使用、文明社会行为的习得等是语言教育的一部分，需要让幼儿身处文明、和谐、快乐的精神环境中受到熏陶与感染。幼儿园的楼道墙上展示着幼儿和家长以及教师创作的文明礼仪歌，让文明礼仪歌在耳边唱响。图 7-26 为文明礼仪原创诗歌的公共楼道环境设计。

图 7-26　文明礼仪原创诗歌的公共楼道环境设计

第八章 丰富多彩的语言特色活动

语言特色活动是为幼儿打造的语言体验、展示、交流、表达的平台，也是为鼓励幼儿主动参与、积极创想所提供的语言展示机会。语言特色活动涉及小、中、大各年龄班，由幼儿园保教人员带领骨干教师参与策划，由各班级共同准备、实施以及活动后反思。活动内容一般会结合幼儿园的课题研究、节日活动、主题教育活动等，有重点地融入幼儿语言领域的听、说、读等方面的表达与展示；活动类型丰富多样，语言题材也不尽相同。此类活动的主要特点是突出语言元素、形式有趣灵活、提倡家园共育、鼓励人人参与，重在过程体验，以实现综合发展。

第一节 语言特色活动的教育价值

语言特色活动能够增加幼儿语言互动交流、输入与输出的机会，从而为幼儿完整表达、生动表达、创意表达打下良好的基础。教师应面向全体幼儿，在每学期选择适宜的时机，开展丰富多彩的语言特色活动，促进幼儿愿意表达、主动表达且大胆生动、充满创意地表达，既培养幼儿的语言表达能力，也培养幼儿在语言表达过程中良好的学习品质与心智倾向。此类活动的教育价值主要体现在以下几点。第一，语言特色活动为幼儿提供了班级以外更大的活动体验平台，扩大了幼儿语言交流、展示的范围，在发展语言的同时促进了幼儿勇敢、自信等方面的社会性发展。第二，语言特色活动在环境创设、氛围营造方面更加充分，可以更好地吸引、带动更多幼儿积极参与、乐意参与并享受其中。第三，语言特色活动的持续时间相对较长，可以为更多不同发展水平的幼儿提供实践与展示机会，从而更好地落实教育目标，让每一个幼儿的发展真实可见。

当然，语言特色活动的开展需要遵循以下几个原则。第一，人人参与原则。语言特色活动是全园范围内的活动，参与人数较多，教师切忌盲目追求展示结果而只关注班级部分能力较强的幼儿的参与。教师可以为不同发展水平的幼儿提供不同范围的活动，如小组范围、班级范围、年级范围到全园范围等，努力为每一个幼儿提供平等参与的机会。第二，正向鼓励原则。在幼儿参与活动过程中，教师需要积极发现并放大幼儿的闪光点，使幼儿感受到经过自身努力后得到他人认可的成功感与价值感。第三，及时反思原则。在每一次活动开展之后，教师需要巧妙灵活地组织幼儿开展谈话活动，引导幼儿表达自己的感受，提炼活动中的成功经验，鼓励幼儿向同伴学习，使活动真正走进幼儿的内心。

第二节　语言特色活动的类型与案例

语言特色活动是面向全体幼儿，鼓励与倡导所有幼儿积极参与的活动。语言特色活动一般是由幼儿园开发与实施的，具有园本课程的典型特点。因此在看到幼儿语言发展集体倾向与个体差异的基础上，幼儿园应有意识地为不同类型的幼儿创建可以进行语言沟通与表达的平台，促进幼儿主动展示与表达。

一、 文明礼貌小标兵

“文明礼貌小标兵”活动给幼儿搭建了大胆展示、运用语言表达以及与家长和其他幼儿进行谈话交流的平台。每天，自主报名的幼儿肩上佩戴着绶带，站在幼儿园大门口或大厅用笑脸、行动、语言来迎接入园家长与其他幼儿的情景，成为一道亮丽的风景线。

“文明礼貌小标兵”活动对培养幼儿在生活中使用礼貌语言与他人打招呼和谈话、积极表达等能力均有着促进作用，幼儿也在其中获得了荣誉感与使命感。此外，这类活动采用自主结伴成组的形式，既帮助外向的幼儿发挥语言交往的专长，也为内向的幼儿提供与他人问好、使用礼貌用语的机会。在四个幼儿一组、持续近三天的活动中，看着一些幼儿表情由不安、胆怯到平静、大胆主动甚至开着玩笑打招呼，我们深深体会到幼儿园开放式的接待活动对发展幼儿社会交往的主动性与提升幼儿语言表达自信心的促进作用。

案例 8-1　中大班语言特色活动：文明礼貌小标兵

一、活动目标

①能够在生活中主动使用礼貌用语与他人打招呼和谈话，愿意积极表达。

②能够为每一个入园幼儿进行礼貌问好的榜样示范。

③能够在积极问好的过程中，获得他人的喜爱与赞赏，从而提升成就感与使命感。

二、活动准备

①经验准备：掌握一些日常打招呼的文明用语、手势及身体动作等，了解晨间接待的仪态。

②物质准备：文明礼貌小标兵绶带等。

三、活动规则与方法

参加活动需提前自愿报名，每天安排4～6名小标兵。活动当天，小标兵需提前3分钟到园进行准备。在接待过程中，小标兵应身姿挺拔、面带微笑、声音洪亮。

四、活动组织与实施

①活动启动，教师向幼儿及家长宣传活动目的与意义。

②幼儿自愿报名参加活动。

③幼儿早上提前3分钟来园，佩戴文明礼貌小标兵绶带，站在幼儿园的大门前，准备和教师一起接待伙伴来园。

④在伙伴来园时，幼儿面带微笑，热情地与伙伴打招呼问好(可配合一些手势和动作)，与前来送伙伴的叔叔阿姨挥手说再见。

⑤活动结束。

五、活动反思

首先，“文明礼貌小标兵”活动自从开展以来，促进了幼儿在生活中使用文明用语与他人打招呼和谈话、积极表达等能力的发展。小标兵迎着朝阳，身姿像小松树一样挺拔，小脸在明媚的阳光与鲜红绶带的辉映下洋溢着认真与热情、自信与光荣。从开始的不好意思到语言表达大方，所有教师和家长都见证了幼儿的成长。一声声“小朋友早上好!”“叔叔阿姨再见!”开启了幼儿和家长充满朝气的一天。

其次，小标兵的出现是对其他幼儿的一种示范与感召。清晨来园，小标兵热情地打招呼，会直接感染到其他幼儿。有的幼儿从一开始只是轻轻地招招手，到后来蹦蹦跳跳来到幼儿园，并能热情主动地和教师、小标兵问候。同时更是有源源不断的幼儿愿意加入“文明礼貌小标兵”的活动中来。当然，幼儿是有个体差异的，有的开始特别紧张，但在同伴的带动下逐渐放松下来，很好地完成任务。尽管参加活动需要幼儿提前来园，但是为了完成任务，幼儿能早早地来到幼儿园进行准备。这个过程培养了幼儿的任务意识和责任担当意识。

对于家长而言，每天送孩子来园时，都能了解到幼儿园的礼仪教育并非纸上谈兵，而是渗透在生活中，每天都要实践巩固的。久而久之，家长就能感受到孩子在园的成长与进步，从而进一步认可幼儿园的教育理念与方法，予以支持配合。

当然，活动的范围还可以继续扩大。我们希望在今后做更多的创新尝试，如由中大班的哥哥姐姐带领小班的弟弟妹妹进行晨间接待。当小班的弟弟妹妹领到任务以后，可以提升对新集体的归属感以及自身的成就感。还有鼓励小标兵创新花式问好的方式，提升晨间问好的趣味性，以此来进一步调动幼儿参与活动的积极性。

总之，在“文明礼貌小标兵”活动中，幼儿用语言表达着心声，用语言传递着友好，同时用语言演绎着文明。

（案例提供：闫祎璐）

二、 小小广播员

语言能力发展的重要途径就是对语言的运用。“小小广播员”活动是利用幼儿园的广播系统，为幼儿打造的讲述活动。每天，在午餐前等待的时间里，幼儿园鼓励幼儿将事先讲述熟练的故事、儿歌、绘本等在广播站里向全园播报。幼儿园还以定制小小广播员胸章的形式，鼓励幼儿积极主动参与。

运用“小小广播员”活动，教师还可以依据主题教育的需要，为本班幼儿搭建特殊的播报平台。比如，开展“小小美食家”主题活动时，大四班幼儿在此播报菜肴搭配与科学就餐的方法；开展“我的好朋友——书”主题活动时，中四班幼儿每天向全园伙伴进行绘本推荐和绘本故事分享等活动。在“小小广播员”活动开展的几年里，这里走出了一个个不断变得更加自信、大胆的小小广播员。“小小广播员”活动虽然属于非正式的讲述活动，但它不仅为幼儿创造了讲述的机会，也提供了在集体面前表现的机会，让幼儿逐渐得到锻炼，学会在较为正式的场合中放松心情、大胆表现。

案例 8-2　中大班语言特色活动：小小广播员

一、活动目标

①能够连贯、清楚、声音洪亮地讲述一件事或一个故事。

②能够认真倾听广播故事，并结合生活理解广播内容。

③能够积极参加活动，并从活动中获得勇气与自信。

二、活动准备

①经验准备：幼儿有熟练讲述故事、儿歌、绘本等的经验。

②物质准备：播音室、小小广播员胸章等。

三、活动规则与方法

①事先准备好可以熟练讲述的广播内容，如故事、儿歌、绘本等。

②知道在广播时要尽量做到吐字清晰、声音洪亮。

③注意广播的完整性以及广播时礼貌用语的使用。正式开播前，先广播开场语；广播结束时，感谢大家的收听。

④播音内容可与班级正在开展的主题活动、近期节日活动等进行关联整合。

四、活动组织与实施

①提前结合幼儿园近期的重点教育主题、节日或班级近期主题活动的开展，

对广播的内容进行准备。

②每天午餐前的过渡环节按时进行广播。

③小小广播员与教师提前就位，调试播音设备。

④先广播开场语，吸引各班级幼儿的注意力，再进行正式的内容播报。广播结束时，感谢大家的聆听。

⑤各班级教师可结合广播内容，与本班幼儿进行简单的谈话梳理。

⑥教师在集体面前，为当日参与活动幼儿授予小小广播员胸章。

⑦活动结束。

五、活动反思

“小小广播员”活动的开展为幼儿提供了很好的讲述机会，也为幼儿搭建了锻炼自己、展示自己、提升自信心的平台。

对于愿意报名参加“小小广播员”活动的幼儿来说，报名本身就是其勇敢的一种体现。在广播前期，幼儿能够和家长一起选择适合的广播内容，并采用图画标记、反复朗诵等方式熟练掌握广播内容。这一过程不仅让幼儿享受了温馨的亲子时光，也锻炼了幼儿认真做事、面对困难想办法克服、坚持不懈的学习品质。到了正式广播环节，幼儿说出的第一句话总是略显紧张的。但是当听到自己的声音回荡在整个幼儿园里，幼儿总是越来越有底气，咬字也越来越清晰，甚至不同的角色、不同的声音特点也都被他们精彩地演绎出来。当广播结束时，接过象征着荣誉与肯定的胸章，幼儿的笑脸彰显着自信的力量。也正是他们的精彩表现，吸引着之前踟蹰不前的幼儿跃跃欲试起来。

在活动开展过程中，因为陆续吸引了越来越多的幼儿，以至于原本比较胆怯或者语言表达能力较弱不愿意参加的幼儿也开始犹豫了。那么此时需要教师针对幼儿的个体差异，对活动规则进行调整和优化。教师可以采取亲子录播的方式、两三个幼儿群播等方式，帮助那些还不够自信的幼儿勇敢迈出广播的第一步，以此树立他们表达的自信，并为他们今后的独立广播做铺垫。

（案例提供：闫祎璐）

三、 海报展，我宣讲

每年9月，我们都会借助文明礼仪活动的时机，鼓励家长与幼儿共同制作文明礼仪海报。在海报展出前期，我们主动开展“海报展，我宣讲”活动，主动挖掘文明礼仪海报的宣传与教育意义，将幼儿的语言表达和培养相联系，不但鼓励家长与幼儿做好海报绘制的工作，也鼓励幼儿做好将海报内容在大众面前进行讲解与宣传的准备工作。这些得到了家长和幼儿的支持。

在“海报展，我宣讲”活动中，不同年龄段的幼儿都积极走到本班、本年级组制作的海报展前，用现场展示的方式，向其他幼儿讲述自己海报所绘制的内容和自己实施的文明礼貌的行为与语言、方法与原则等。宣讲活动给每个幼儿提供了依据绘画内容进行说明性讲述的机会。由于有图可依、有据可循，并有一定的提前准备，通过初步的练习与尝试，幼儿的讲述体现了条理性、顺序性、清晰性、全面性等特点。

案例 8-3　中大班语言特色活动：海报展，我宣讲

一、活动目标

①能够以个人、小组或亲子参与等方式，制作文明礼仪海报，宣传文明礼仪行为。

②能够完整、清晰地讲述自己的宣传作品，言行得体，大胆自信。

③愿意参与文明礼仪海报的宣讲活动，争当文明礼仪小使者。

二、活动准备

①经验准备：幼儿理解什么是文明礼仪，知道常用的文明礼仪言行。

②物质准备：幼儿制作的文明礼仪海报、大屏幕、话筒等。

三、活动规则与方法

①展示内容为幼儿参与绘制的宣传海报，重点体现文明礼仪行为。

②展示活动以班级或年级组为单位来开展。

③幼儿可以根据自己的意愿选择展示地点。教师提前根据幼儿的想法，帮助幼儿协调并确定展示顺序。

④教师在展示的过程中鼓励幼儿表现出大方、自信，声音洪亮。

四、活动组织与实施

幼儿园借助“文明礼仪宣传月”的活动契机，发起“海报展，我宣讲”活动邀请与动员，并鼓励幼儿关注文明礼仪行为。

教师将邀请分享到家园微信群中，鼓励家长与幼儿积极参与海报的绘制，引导幼儿感受到文明礼仪随处可见，为“海报展，我宣讲”活动的开展做好前期准备。

教师以班级为单位收集幼儿绘制的文明礼仪宣讲海报，与幼儿讨论海报宣讲地点及展示顺序，并根据幼儿的宣讲地点进行分组。

在宣讲活动当天，小班年级组由教师进行主持串场；中大班年级组积极鼓励幼儿参与到活动的主持中，为他们提供更充分的语言展示平台。

根据展示活动的安排，教师应引导幼儿根据自己的作品大胆、自信地宣讲，同时引导幼儿做文明小听众。

教师应将幼儿的宣讲展示过程录像、拍照分享给家长，让家长感受幼儿的成长。

展示活动后教师应与幼儿进行谈话，说一说文明礼仪的重要性及自己可以怎样做，鼓励幼儿多讲文明话，多行礼貌事，争当班级、幼儿园的文明礼仪小标兵。

教师应选择优秀的文明礼仪海报宣讲内容，利用文明礼仪广播的方式在全园示范展示，并将优秀海报布置在画家展板上，在园内维持一段时间的展出活动。

五、活动反思

“海报展，我宣讲”活动是“文明礼仪宣传月”系列活动中的一项活动。本活动综合利用美工与宣讲结合的方式，引导幼儿了解什么是文明礼仪行为以及生活中的文明礼仪行为有哪些等。

在整个海报宣讲的过程中，幼儿从绘制海报到台前宣讲全程参与，真正成为活动的主人。与此同时，宽松、适宜的展示氛围为幼儿的海报宣讲活动提供了良好的平台，使幼儿能够更加自信、勇敢地进行展示。在讲述过程中，幼儿能够根据自己的所写、所画，使用较为清晰、完整的语言向大家介绍自己的海报内容，语言表达能力也得到了提升。在图片的提示和语言的解析中，参与活动的幼儿也再次加深了对文明礼仪行为的理解。活动最后的讨论环节充分调动了幼儿思考的积极性，使“海报展，我宣讲”活动不只停留于此，更深入地走进每一个幼儿的内心，也为后续的文明礼仪实践活动做了铺垫。除此之外，活动的开展还借助家园的力量。从前期的海报绘制到后期的活动展示，家长都十分关注。这一方面强化了家庭礼仪教育，另一方面让家长能够看到幼儿的表现，感受到他们的成长与进步，很好地拉近了幼儿园与家庭的距离，有助于家园之间形成教育合力，为幼儿今后的发展奠定基础。

（案例提供：刘皓月）

四、 语言交流会

幼儿需要通过与他人交往来发展语言，需要在真实而平常的学习和生活中操练、扩展自己的语言经验。这需要我们关注幼儿日常生活中的语言交往，创造语言交往环境，尽可能让幼儿获得语言展示与交流的机会。

幼儿园每学期定期组织班级间开展“语言交流会”活动，鼓励幼儿走出班级，与不太熟悉的其他幼儿共享自己的语言学习内容。一方面，幼儿采用集体、分组、结伴、个人参与等形式，把自己在家庭、班级习得的古诗、儿歌、语言游戏等都展示出来，并相互结伴，相互学习感兴趣的内容。另一方面，教师主动带领幼儿在交流中表演丰富的语言类文娱节目，如承担主持串场，表演相声、三句半、绕口令、童话剧、绘本故事、古诗联唱等。这些活动激发了幼儿运用语言交往的主动性与积极性，使他们在宽松而真实的语言运用与展示情境中获得有效的经验。

案例 8-4　小中大班语言特色活动：语言交流会

一、活动目标

①通过集体、小组、个人参与等形式来展现自己熟悉的儿歌、故事等。

②在展示的过程中能够自信、大胆，有表现力。

③喜欢参加语言展示活动，体验成功感。

二、活动准备

①经验准备：和幼儿选择想要展示的语言活动内容，商讨如何展示并准备。

②物质准备：服饰、道具等。

三、活动规则与方法

①展示内容可以是幼儿在幼儿园、家庭中习得的诗歌、古诗、绘本故事等。

②展示活动以年级组为单位来开展。

③展示的形式可以是集体、小组或个人。

④根据幼儿的兴趣来选择想要展示的语言活动，教师在节目准备、服饰、道具上提供支持与帮助。

⑤在展示的过程中幼儿要大方、自信，有表现欲望。

四、活动组织与实施

①幼儿园发出“语言展示交流”倡议书，各班级教师鼓励幼儿积极参加，并根据幼儿的兴趣与意愿进行节目报名。

②教师同时将倡议书以及幼儿想要展示的语言活动内容发送到班级群中，请家长协助幼儿园，共同支持幼儿准备语言展示活动。

③根据语言展示活动的需求，教师协助幼儿共同准备、制作相关道具、服饰等，为产生更好的展示效果做准备。

④小班年级组由教师进行主持串场。中大班年级组积极鼓励幼儿参与到活动的主持中，为他们提供更充分的语言展示平台。

⑤根据活动安排，展示幼儿的大胆、自信，观看幼儿文明观演。

⑥将幼儿的展示过程录像、拍照分享给家长，让家长感受到幼儿的成长。

⑦选择适宜的活动内容，在全园进行示范展示。

⑧活动后与幼儿进行探讨，说一说节目的优点与不足并进行改进，可以在班级中进行表演。

五、活动反思

语言展示活动是幼儿生活、学习中经常开展的活动，他们在感受文学语言魅力的同时锻炼了语言表达能力。《指南》指出：“幼儿期是语言发展，特别是口语发展的重要时期。”所以教师要为幼儿创设自由、宽松的语言交往环境。本活动为幼儿提供了适宜的平台，使他们能够将自己在家、在园习得的有关语言内容进行充分展示，表现出自信、大胆。诗歌语言表达清晰有韵律；绘本故事表演中角色语言生动细腻；相声、三句半展示诙谐有趣。活动类型丰富有趣，同时提升了幼儿的语言能力。

幼儿在活动中体会了语言展示交流的成就感，进一步增强了参与语言展示活动的兴趣。将儿歌、绘本故事等搬上幼儿园的舞台，让幼儿感受到了被看到、被尊重。在他人面前穿上表演服装进行展示，并得到大家的鼓励认可，大大提升了幼儿的成就感与自信心。与此同时，这样的体验有力地提升了幼儿对语言展示活动的兴趣，让幼儿之后更加主动地参与到相关活动中。

（案例提供：韩伟巍）

五、 故事大王

叙事讲述能力是一种脱离语境进行有组织表达的语言能力，是幼儿所发展的主要语言能力。叙事讲述能力表现在用口头语言把人物的经历或事情发生、发展讲述出来，说清楚人物、时间、地点、事件，并说明白事情发生、发展的先后顺序。

在每学年，幼儿园还面向全体幼儿开展“故事大王”活动，旨在为全体幼儿创造一个鼓励、推崇叙事讲述的精神环境；积极联系家长共同合作，为幼儿提供叙事讲述的机会，为幼儿的语言发展提供一个正式的平台。因此，“故事大王”活动获得了家长与幼儿的大力支持。

各年级组幼儿在家长的支持下为这个活动积极做好各项准备，如前期寻找故事、练习语气表达等，以及进行图片展示、音乐配乐、课件制作。越是精心做好的准备，越是符合叙事讲述所需的情境条件，能提高幼儿对情境和听众的敏感性，进而使幼儿的口头语言表达能力不断提升。

案例 8-5 小中大班语言特色活动：故事大王

一、活动目标

①能够语言清晰、连贯地讲述故事，内容完整。

②在讲述故事中角色语言生动，有表现力。

③喜欢听故事、讲故事，感受故事带给自己的快乐。

二、活动准备

①经验准备：有在班级或幼儿园广播站讲故事的经验；准备自己喜欢的故事。

②物质准备：服饰、道具、课件等。

三、活动规则与方法

①幼儿根据兴趣报名参加活动，并在教师及家长的帮助下积极准备服饰、道具。

②展示的形式可以是个人讲述，也可以是与同伴合作讲述并结合肢体语言进行表演。

③故事内容积极、健康，有趣味性。

④故事讲述语言清晰、连贯、生动，有表现力。

四、活动组织与实施

①幼儿园发出“故事大王”倡议书，各班级教师鼓励幼儿积极参加。

②教师将活动倡议书发送到班级群中，请家长协助幼儿园，共同支持幼儿准备展示的故事。

③班级中布置舞台及环境，开展故事展示活动，为每一个幼儿提供展示的平台，并评选出班级的故事大王。

④活动后引导幼儿讨论谁的故事讲得好、哪里好，还可以怎样调整，在讨论中表达自己的想法，知道故事讲得好的方法。

⑤班级幼儿投票选出4～6个优秀的故事，准备参加年级组的故事展示活动，进一步激发幼儿喜欢听故事、讲故事的兴趣。

⑥小班年级组由教师进行主持串场；中大班年级组积极鼓励幼儿参与到活动的主持中，为他们提供更充分的语言展示平台。

⑦将每一个幼儿讲故事的精彩视频进行留存，也可以分享给家长，让他们在感受幼儿语言表达能力提升的同时有效地促进家园合作。

五、活动反思

本活动提升了幼儿讲故事的相关能力。故事是幼儿非常喜欢的文学形式，从故事中他们能够丰富知识、明白道理、分辨善恶和美丑。通过此次“故事大王”活动，幼儿在讲故事时语言更加完整连贯，非常有感染力。教师在故事会的展示现场时常能听到幼儿的笑声。

本活动培养了幼儿的倾听能力。教师在开展活动的过程中，除了锻炼幼儿的语言表达能力，还培养了幼儿的倾听能力。好听的故事将幼儿带进了童话的世界，让他们专注地倾听、认真地体会。当讲述者提出问题，他们又能及时互动回答。良好的倾听让幼儿沉浸在故事的世界中，享受着故事带给自己的快乐。

本活动点燃了幼儿听故事、讲故事的热情。“故事大王”活动后，幼儿仍然对讲故事抱有很高的热情，他们经常会从家中带来好听的故事在班级中分享。有的幼儿还在幼儿园广播站与全园的伙伴分享自己的故事。班级群中也总能够有家长发送幼儿讲故事、亲子讲故事的音频、视频，得到了大家的积极反馈。

这种正面的影响也让“故事大王”活动一直在延续。

（案例提供：韩伟巍）

六、 春光阅读

幼儿的前阅读能力是幼儿发展语言所必需的，良好的阅读习惯和行为是影响幼儿终身阅读的关键因素。我们以阅读立足，每年 4 月都会集全园之力开展提升幼儿前阅读能力的“春光阅读”活动，包括“帐篷书屋”“图书漂流”“家园故事团”“图书展演”“跳蚤书市”。

在“春光阅读”活动中，我们注重发挥教师的专业性、家长的参与性、幼儿的积极性，为幼儿打造丰富多彩的阅读空间、阅读内容与阅读环境。全体成人共同协作，在不同时段、以多种方式积极参与到幼儿的绘本阅读活动中，有效地陪伴与科学地引导幼儿阅读，共同激发与保持幼儿的阅读兴趣，培养幼儿良好的阅读习惯，聚焦幼儿阅读能力的提升。

案例 8-6 小中大班语言特色活动：春光阅读

一、活动时间

活动时间为每年 4 月。

二、活动总目标

①在丰富多彩的阅读活动中感受阅读的乐趣。

②在持续不断的阅读活动中养成良好的阅读习惯。

③了解图书的作用，能够在生活中爱惜图书。

④愿意与家长一起参与系列阅读活动，感受亲子阅读的温馨与快乐。

活动一：帐篷书屋

(一)活动目标

①愿意把自己喜欢或看过的图书故事讲给别人听。

②愿意倾听他人的讲述，并在听后表示感谢。

③积极参与帐篷书屋活动，感受不同阅读方式带来的快乐。

(二)活动准备

①经验准备：幼儿有自己喜欢且熟悉的图书、有自主收放图书的经验、提前知晓当日的活动内容和方式。

②物质准备：帐篷、地垫、图书等。

(三)活动规则与方法

①提前规划各年级布置帐篷书屋的具体地点以及确定好帐篷数量。

②提前与幼儿约定好每个帐篷可容纳的人数，在帐篷前做好标记提示。

③引导幼儿在进入帐篷前先脱鞋并摆放整齐，再进入。

④阅读过程中需爱护图书，轻声交谈，可以与同伴协商交换图书。

(四)活动组织与实施

①提前向家长征集帐篷书屋活动的志愿者，帮助提供帐篷、地垫，以及协助教师在指定地点搭建帐篷阅读角。

②进行“春光阅读”活动启动仪式，由主持人宣读活动倡议书及规则提示。

③以班级为单位，选择自己喜欢的图书。可以先自由选择班级帐篷，阅读自己喜欢的图书，也可以与同伴、教师共读精彩故事。

④大带小阅读，打破班级界限，由中大班哥哥姐姐带上自己熟悉的图书为小班的弟弟妹妹讲故事。

⑤整理活动场地和图书，以班级为单位，回班后分享自己的阅读感受。

⑥活动结束。

活动二：图书漂流

(一)活动目标

①在图书漂流活动中感受与同伴分享阅读的快乐。

②能够在借阅图书的过程中养成诚实守信、按时归还的社会品质。

③在亲子共读的过程中体验多样化的阅读方式，感受亲子阅读的温馨与快乐。

(二)活动准备

①经验准备：幼儿喜欢阅读活动、已了解图书漂流活动流程。

②物质准备：图书、图书借阅登记卡、图书借阅登记表等。

(三)活动规则与方法

①能够爱护所借阅的图书，并按时归还。

②图书漂流活动中做到文明有序，教师需做好借阅登记。

③活动每周五开展，幼儿可将借阅的图书带回家后与家长进行亲子共读。

(四)活动组织与实施

①每周五定期进行图书漂流活动。

②幼儿凭借图书借阅登记卡，在园借阅自己喜欢的图书，同时由教师进行登记。

③幼儿可利用周末时间与家长一起进行亲子共读。

④幼儿每周一回到班级后与同伴交流阅读感受。

⑤有序将图书归还班级。

活动三：家园故事团

(一)活动目标

①喜欢聆听教师或家长利用电子媒介讲故事，并愿意参与其中。

②能够在参与录制亲子讲故事的活动中锻炼完整讲述的能力。

③在亲子故事讲述活动中增进亲子关系，享受美好的亲子时光。

（二）活动准备

①经验准备：幼儿有自己喜欢且熟悉的故事，喜欢讲故事。

②物质准备：音频录制器、故事图片、亲子阅读图片、荣誉证书等。

（三）活动规则与方法

①家长帮助幼儿选材时，要求绘本内容健康积极且难易程度符合幼儿的接受水平。

②讲故事者须声音洪亮、咬字清晰、语速适宜，注意根据故事情节与人物特点调整语气。

③发布故事团作品，除音频外需提供作者照片及故事图片。

（四）活动组织与实施

①幼儿自愿报名，可独立完成故事录制，也可提供亲子共读的录音作品。

②故事团作品每周择优推送到幼儿园公众号上，供幼儿在活动区域或家中聆听。

③为参与故事团的幼儿颁发荣誉证书。

④在语言区的平板电脑里创建"班级故事盒"的素材库，让幼儿可以随时阅读、聆听。

活动四：图书展演

（一）活动目标

①在参与故事表演的过程中加深对图书中故事的理解。

②能够在展示过程中增强勇气，获得成就感与自信心。

③能够在小组排练表演的过程中树立团队协商合作的意识，提升社会交往能力。

（二）活动准备

①经验准备：幼儿喜欢模仿故事中的对话，对经典故事记忆深刻。

②物质准备：服装、道具、话筒、背景音乐、课件等。

（三）活动规则与方法

①选择展演的故事内容积极健康，具有教育意义。

②表演者的行为与语言和故事角色匹配。

③表演者大方自信。

（四）活动组织与实施

①师幼协商，选取展演的故事内容。

②师幼共同分析故事情节，确定角色与台词。

③结合区域活动，与幼儿一同制作服装道具；也可根据需要进行亲子制作。

④在日常区域游戏时间，幼儿可自主在表演区进行表演练习与彩排。

⑤在班级内部进行完整展示，表演后师幼一起对节目进行点评、讨论与修正。

⑥制定宣传海报，邀请园内其他班级幼儿进行公演。

活动五：跳蚤书市

(一)活动目标

①在图书买卖活动中体验社会交往的乐趣。

②感受旧图书的价值，懂得珍惜图书，节约资源。

③在图书交易的过程中能够运用礼貌用语与他人进行交流。

(二)活动准备

①经验准备：理解“交易”，班级内模拟跳蚤市场活动。

②物质准备：图书、地垫、宣传画报等。

(三)活动规则与方法

①鼓励家长积极参与。

②呼吁幼儿与家长一起整理家中闲置的图书，商定适宜的价格。

③可以设计宣传画报来吸引顾客，也可以用语言介绍来招揽顾客。

④图书买卖自愿，幼儿可以是买家，也可以是卖家。

(四)活动组织与实施

①家长协助幼儿一起整理家中闲置的图书，并商定适宜的价格。

②幼儿可以为自己的“小店”起名字，制作宣传画报。

③幼儿与家长一起来园摆设摊位，通过吆喝、画报展示吸引顾客。

④幼儿赚到钱以后，也可以走出摊位成为顾客，去购买自己喜欢的图书。

⑤家长与幼儿统计卖了几本书，收入了多少钱。

⑥班级组织幼儿谈谈自己参与跳蚤书市的心情与感受。

“春光阅读”活动开展了一个多月，内容丰富多样，深受幼儿的喜爱。一方面，幼儿园为幼儿打造了丰富多彩的阅读空间、阅读内容与阅读环境，让幼儿感受到充满乐趣的阅读活动；另一方面通过家园合作很好地引发了家长对幼儿早期阅读的重视，使他们以多种方式参与到幼儿的阅读活动中，利用有效陪伴、科学引导进一步激发了幼儿的阅读兴趣，为幼儿今后良好阅读习惯的养成奠定了基础。

在“帐篷书屋”活动中，家长非常热心，积极提供了充足的帐篷、地垫等物资。一顶顶温馨可爱的帐篷下是幼儿的一张张笑脸。幼儿对这样的阅读活动喜爱至极，以至于活动结束时仍然依依不舍。轻柔的背景音乐和着幼儿天真烂漫的笑声，氛围显得无比融洽。

在“图书漂流”活动中，幼儿将借阅的图书带回家，与家长一起分享、阅读，或者讲给家人们听，了解阅读的另一种新方式。与此同时，这个活动也培养了幼儿爱护图书、按时归还的社会品德。

在“家园故事团”活动中，幼儿通过电子设备，听到了教师、同伴以及家长声情并茂讲述的故事，越发对看上去不起眼的图书产生了新的兴趣。并且参与录制故事的幼儿看到自己和爸爸妈妈讲的故事，出现在公众号上、班级平板电脑里，感觉自己非常了不起，也由此爱上了讲故事，并能够逐渐把故事讲得动听。

在“图书展演”活动中，幼儿已经不再拘泥于把好听的故事讲出来，开始关注把好听的故事演出来。从选择故事到竞选小演员，再到宣传画报的设计与制作、服装道具的准备，幼儿凭着对这一活动的喜爱，都能够认真投入。在此期间，幼儿的语言表达、大方展示、团结协作等能力都得到进一步的发展。同时，幼儿的自信心也得到了极大的提升。

在“跳蚤书市”活动中，幼儿将家里闲置的图书与其他幼儿闲置的图书进行交换买卖。我们身边的图书资源一下子变得丰富起来，使幼儿学会珍惜图书，也减少了资源的浪费。幼儿为了“生意”的红火，与家长一起从设计、宣传、吆喝等方面做足了准备。在此期间，同伴之间的社会交往也得到了进一步的发展。

在“春光阅读”活动硕果累累的同时，我们今后还可以向家长追加一次活动后的问卷调查。简单梳理活动线索之后，我们从家长的视角了解幼儿产生的变化，以及幼儿存在哪些问题、困惑等，当然还有家长对于活动开展的感受与建议。为此，双向了解活动效果、幼儿发展情况的同时，也能了解家园合作的效果。

（案例提供：闫祎璐）